www.ingramcontent.com/pod-product-compliance
Lightning Source LLC
LaVergne TN
LVHW050638051026
849532LV00002B/440
9788159330391

السوق المصري

تحليل الاقتصاد والسيولة وصناعة القرار الاستثماري

مرجع تحليلي للمستثمر الواعي

أثر
للنشر والتوزيع

كتاب: السوق المصري

الكاتب:

غلاف: هبه ابراهيم

إخراج فني: عبد الله السعيد

ترقيم دولي: 978-8-1593-3039-1

مدير الدار : بسمة سمير عبد الحكيم

العنوان : جسر السويس – القاهرة

رقم الواتساب 01026422046

الايميل: atharpublishers@gmail.com

بسم الله الرحمن الرحيم

السوق لا يُقرأ من شاشته ولكن يُقرأ من اقتصاده...

- الفائدة تعيد تسعير القيمة.
- العملة تعيد تعريف الربح.
- السيولة تكشف من فهم ذلك مبكرًا.

من يبدأ من السهم يتأخر ومن يبدأ من المرحلة يسبق الحركة.

داليا ذُهني أحمد الشيخ
خبيرة اقتصادية

السوق المصري ليس مجرد منصة تداول

هو انعكاس مباشر لاقتصاد يتحرك تحت ضغط الفائدة، وتقلب العملة، وإعادة توزيع السيولة.

الخطأ الأكثر شيوعًا ليس اختيار سهم ضعيف بل تحليل سهم بمعزل عن المرحلة التي يعيشها الاقتصاد.

هذا الكتاب لا يبدأ بالسعر ولا يبدأ بالتوصية.

يبدأ بالسؤال الأهم: أين نحن الآن في الدورة؟

- الفائدة تعيد تسعير الأصول.
- العملة تعيد توزيع الأرباح.
- السيولة تحدد من يقود المرحلة.

القرار الاستثماري هو نتيجة فهم هذه العناصر معًا.

في سوق ناشئ؛ من يقرأ الشاشة فقط يتأخر ومن يقرأ الاقتصاد أولًا يستبق الحركة.

هذا الكتاب يبني إطاراً

والإطار يسبق الصفقة

لماذا هذا الكتاب؟

السوق المصري ليس مجرد شاشة أرقام بل هو انعكاس مباشر لاقتصاد متقلب.

- عملة تتحرك.
- فائدة تتغير.
- دولة تعيد تشكيل دورها وسيولة تبحث عن ملاذ.

كثيرون يدخلون السوق بحثًا عن الربح وقلة فقط تدخل بفهم.

هذا الكتاب لا يقدم توصيات ولا يَعِد بعوائد سريعة ولا يتعامل مع السوق كمنصة مضاربة قصيرة النفس بل هو محاولة لفهم المنظومة كاملة.

الاقتصاد أولًا ثم السيولة ثم السلوك ثم القرار.

في سوق ناشئ مثل مصر لا تكفي القوائم المالية وحدها ولا يكفي التحليل الفني وحده ولا يكفي تتبع الأخبار.

القرار الاستثماري الرشيد ينشأ من دمج ثلاثة أبعاد:

- الاقتصاد الكلي
- حركة السيولة
- نفسية المستثمرين

الكتاب يعيد ترتيب العلاقة بين هذه العناصر.

لن نبدأ بالسهم سنبدأ بالاقتصاد.

لن نبدأ بالتوصية سنبدأ بالإطار.

لمن هذا الكتاب؟

لكل من يريد أن:

- يفهم لماذا يتحرك السوق قبل أن يتحرك سهمه
- يقيّم استثماره بالعائد الحقيقي لا الاسمي
- يحمي رأس ماله في بيئة تضخمية
- يبني نموذجًا تحليليًا مستقلًا

سواء كنت مبتدئًا أو محترفًا ستجد هنا عدسة أوسع.

كيف تقرأ هذا الكتاب؟

لا تقرأه دفعة واحدة. ابدأ بالاقتصاد وافهم المرحلة ثم انتقل للسيولة ثم للشركات ثم للأدوات.

عد إلى الفصول مع تغير المرحلة الاقتصادية.

السوق يتغير والقراءة يجب أن تتغير معه.

ماذا لن تجد هنا؟

- وعودًا بالثراء
- قوائم بأسهم "مرشحة للصعود"
- استراتيجيات سحرية
- مبالغة في دور التحليل الفني

ستجد بدلاً من ذلك:

- منهجًا.
- إطارًا.
- أسئلة صحيحة وطريقة تفكير.

هذا الكتاب ليس عن الربح بل عن الفهم ومن يفهم السوق يقلل خسائره قبل أن يزيد أرباحه.

التمهيد

في منهجية القراءة والتحليل

يمثل الاستثمار في السوق المصري حالة مختلفة داخل الأسواق الناشئة....

فهو سوق تتحرك فيه السياسة قبل الأرقام أحيانًا، وتسبق فيه العملة التقييمات، وتؤثر فيه القرارات السيادية بقدر ما تؤثر فيه نتائج الأعمال.

لهذا لا تصلح معه الأدوات التقليدية وحدها ولا يكفي فيه تحليل القوائم المالية بمعزل عن الاقتصاد الكلي ولا يغني تتبع الرسوم البيانية عن فهم حركة السيولة والدولة.

هذا الكتاب لا يقدم وصفات جاهزة ولا يعرض استراتيجيات سريعة الربح بل يؤسس لإطار تحليلي يساعد المستثمر على فهم الآليات التي تحكم هذا السوق.

لقد ظل الخطاب الاستثماري المحلي عالقًا بين طرفين:

- طرح أكاديمي منفصل عن واقع التداول اليومي.
- طرح تقني مفرط في متابعة الشموع والمؤشرات دون قراءة السياق الاقتصادي.

هذا المرجع يحاول سد هذه الفجوة عبر ثلاث ركائز واضحة:

أولًا: الواقعية الاقتصادية

السياسة النقدية والمالية ليست خلفية للأحداث هي المحرك الأول للتقييم.

الفائدة، التضخم، وسعر الصرف تعيد تشكيل السوق قبل أن تعيد الشركات تشكيل أرباحها.

ثانيًا: ديناميكية السيولة

السوق المصري تحكمه حركة الأموال بقدر ما تحكمه الأساسيات.

فهم انتقال السيولة بين القطاعات، وتغير أوزان المستثمرين، يكشف ما لا تكشفه القوائم المالية.

ثالثًا: إدارة المخاطر في بيئة تضخمية

العائد الاسمي قد يخدع.

العائد الحقيقي هو ما يحافظ على القوة الشرائية.

ولهذا تُعاد صياغة مفهوم الربح داخل هذا الكتاب بما يتجاوز الحسابات التقليدية.

المنهجية هنا تصاعدية.

نبدأ ببنية السوق وتاريخه ثم ننتقل إلى الاقتصاد الكلي ثم إلى السيولة والسلوك ثم إلى التحليل المالي والفني وأخيرًا إلى بناء نموذج شخصي لإدارة المحفظة.

الغاية ليست توقع حركة سهم بل بناء طريقة تفكير.

في سوق يتسم بضعف الكفاءة المعلوماتية، يصبح الوعي التحليلي هو الميزة التنافسية الوحيدة المستدامة.

الاستثمار هنا لا يجب أن يكون رد فعل بل فعلًا استباقيًا مبنيًا على فهم متكامل.

ومن يمتلك الإطار، لا يحتاج إلى توصية.

المقدمة

الفشل وبداية الوعي

السوق لا يهزم المستثمر فجأة ولكنه يستنزفه تدريجيًا.

خسارة صغيرة فمحاولة تعويض ثم مضاعفة مركز ثم انتظار طويل ثم تآكل صامت في القيمة الحقيقية.

السؤال ليس لماذا يهبط السهم.

السؤال لماذا دخلت دون إطار واضح.

في السوق المصري تتكرر الأخطاء نفسها:

- شراء بدافع توصية
- بيع بدافع خوف
- تجاهل دورة الفائدة
- إهمال أثر العملة
- حساب الأرباح بالجنيه لا بالقيمة الحقيقية

كثيرون يربحون اسميًا وقلة فقط تربح فعليًا.

عندما يرتفع سهم بنسبة 30% لكن التضخم 25% وسعر الصرف فقد 20% من قيمته

فماذا حققت فعليًا؟

الخلل يبدأ من تعريف الربح..

- المستثمر غير الواعي يقيس الأداء بسعر الشراء والبيع ، المستثمر الواعي يقيس الأداء بالقوة الشرائية.
- المشكلة الثانية هي الخلط بين الاستثمار والمضاربة:

الاستثمار قرار مبني على قراءة اقتصادية والمضاربة قرار مبني على حركة سعر قصيرة.

في السوق المصري يتحول كثير من المستثمرين إلى مضاربين دون قصد ثم يطالبون السوق بعائد طويل الأجل.

- المشكلة الثالثة هي تجاهل السياق:

• قرار من البنك المركزي قد يغير تقييم السوق بالكامل.
• تحرك في سعر الدولار قد يعيد تسعير القطاعات.
• طرح حكومي قد يسحب سيولة من الأسهم الصغيرة.

من لا يرى الصورة الكلية يتعامل مع الأعراض لا الأسباب ثم تأتي سيكولوجية التعويض...

بعد خسارة حادة يتحول القرار إلى رغبة في استعادة ما ضاع ويزداد حجم المخاطرة ويختفي الانضباط ويبدأ الانتقام من السوق.

السوق لا يعاقب لكنه لا يرحم العشوائية.

هذه المقدمة ليست نقدًا للمستثمر بل تفصيلاً لآلية الفشل المتكررة.

الفشل في السوق المصري لا يعود إلى نقص الذكاء بل إلى نقص المنهج.

من يدخل دون إطار يصبح تابعًا للتقلبات ومن يدخل بإطار يصبح مراقبًا لها.

الهدف من هذا الكتاب ليس تعليمك كيف تختار سهمًا بل كيف تبني طريقة تفكير.

حين تفهم الاقتصاد وتقرأ السيولة وتدير المخاطر تصبح قراراتك أقل انفعالًا وأكثر اتزانًا.

- السوق سيظل متقلبًا.
- الفائدة ستتغير.
- العملة ستتحرك.
- السيولة ستدور.

لكن الإطار التحليلي يبقى وهنا تبدأ مرحلة الوعي.

فصل تمهيدي

كيف يعمل السوق المصري

ما هي البورصة؟

البورصة هي سوق منظم يتم فيه:

- بيع وشراء أسهم شركات
- تداول أدوات دين
- تسعير الشركات يوميًا

السعر لا تحدده الشركة بل يحدده العرض والطلب.

ما هو السهم؟

السهم ليس رقمًا على الشاشة بل هو حصة ملكية في شركة قائمة.

عندما تشتري سهمًا في البنك التجاري الدولي فأنت لا تشتري رسمًا بيانيًا.

أنت تملك جزءًا من:

- أصوله
- أرباحه
- تدفقاته النقدية
- مخاطره

إذا حققت الشركة نموًا حقيقيًا يزداد نصيبك من القيمة وإذا تدهور نشاطها يتراجع نصيبك أيضًا.

السعر ليس الشركة بل هو تقييم السوق للشركة في لحظة معينة.

لماذا يتحرك سعر السهم؟

السعر يتحرك لأن التقييم يتغير والتقييم يتغير بسبب:

- توقعات الأرباح المستقبلية

- تغير سعر الفائدة
- تحرك سعر الصرف
- دخول أو خروج السيولة

أحيانًا لا يتغير شيء داخل الشركة لكن الفائدة ترتفع فينخفض التقييم.

أحيانًا لا تتحسن الأرباح لكن العملة تتحرك فتُعاد تسعير الشركة بالكامل.

السعر إذن هو انعكاس لتوقعات وليس لنتائج فقط.

ما الذي يحرك السوق المصري فعلياً؟

السوق المصري سوق ناشئ؛ السيولة فيه حساسة والاقتصاد فيه مؤثر مباشر

هناك ثلاثة عوامل تقود المشهد:

1) سعر الفائدة: كل تغيير في الفائدة يعيد حساب القيمة العادلة للأسهم.

ارتفاع الفائدة يعني:

- عائد أعلى بدون مخاطرة
- تكلفة تمويل أعلى
- ضغط على التقييمات

انخفاض الفائدة يعني:

- تحسن جاذبية الأسهم
- توسع في مضاعفات الربحية

2) سعر الدولار: تحرك العملة في مصر ليس حدثًا جانبيًا بل هو إعادة توزيع للثروة.

الشركات ذات الإيرادات الدولارية تستفيد أما الشركات المستوردة تتضرر.

كل تعويم يعني دورة إعادة تسعير.

3) السيولة المحلية والأجنبية:

السوق لا يتحرك لأن الأخبار جيدة ولكنه يتحرك لأن الأموال تدخل.

قد تكون الأخبار ممتازة ولا يتحرك السهم لأن السيولة غائبة.

السيولة هي الوقود بدونها لا يتحرك السعر مهما كانت الأساسيات قوية.

إذا فهمت الفائدة والعملة والسيولة فقد فهمت الهيكل الأساسي لحركة السوق والباقي تفاصيل تنفيذ.

الفرق بين الاستثمار والمضاربة:

كلاهما مشروع لكن الخلط بينهما مكلف.

الاستثمار:

- قرار مبني على قراءة المرحلة الاقتصادية
- اختيار قطاع مناسب للدورة
- قبول تذبذب طبيعي
- أفق زمني متوسط أو طويل

المستثمر يسأل: أين نحن في الدورة؟

المضاربة:

- قرار مبني على حركة سعر قصيرة
- دخول وخروج سريع
- حساسية عالية للتذبذب
- أفق زمني قصير

المضارب يسأل: أين الزخم الآن؟

أكبر خطأ نفسي في السوق:

الدخول كمستثمر والتصرف كمضارب عند أول هبوط.

تشتري سهمًا لأن:

- الفائدة بدأت في الانخفاض
- القطاع في بداية دورة
- الأساسيات قوية

ثم يهبط 7% فتبيع بدافع الخوف.

أنت لم تخطئ في التحليل بل أخطأت في تحديد هويتك داخل الصفقة.

سؤال حاسم قبل أي دخول:

هل هذه صفقة استثمارية أم مضاربة؟

إذا كانت استثمارية فلا تُدِرها بعقلية مضارب.

وإذا كانت مضاربة فلا تبرر الخسارة بأنها استثمار طويل الأجل.

قاعدة عملية

اكتب قبل الدخول: هذه الصفقة نوعها: استثمار / مضاربة

وحدد:

- مدة متوقعة
- سبب الدخول
- سبب الخروج

بهذا تقل احتمالية أن تتحول الخسارة المؤقتة إلى ارتباك دائم.

ما هو المؤشر؟

المؤشر هو مقياس عام لحركة مجموعة من الأسهم. هو لا يمثل السوق بالكامل بل يمثل عينة منه.

عندما نقول إن السوق ارتفع فنحن غالبًا نقصد أن مؤشرًا معينًا ارتفع.

لكن السؤال الأهم: أي مؤشر؟

أهم المؤشرات في البورصة المصرية:

أولًا: مؤشر EGX 30

يمثل أكبر 30 شركة من حيث:

- السيولة
- القيمة السوقية

يضم غالبًا:

- البنوك الكبرى
- الشركات القيادية
- الأسهم التي تجذب المؤسسات والأجانب

إذا ارتفع EGX 30 فغالبًا ما يكون الصعود مدفوعًا بالقياديات لكن هذا لا يعني أن:

- الأسهم المتوسطة ارتفعت
- الأسهم الصغيرة تحركت

قد يصعد المؤشر بينما 60% من السوق ثابت أو هابط.

ثانيًا: مؤشر EGX 70

يركز على الأسهم المتوسطة والصغيرة وهذا المؤشر يعكس:

- حركة المستثمر الفرد
- موجات المضاربة
- انتقال السيولة المتأخر

إذا صعد EGX70 بقوة بينما EGX30 مستقر فهناك غالباً موجة مضاربة.

ثالثًا: مؤشر EGX 100

يجمع بين EGX 30 وEGX70.

فهو يعطي صورة أوسع عن السوق لكنه لا يكشف عمق الحركة مثل تحليل كل مؤشر منفصل.

لماذا يصعد المؤشر وتنزف محفظتك؟

لأن المؤشر قد يتحرك بدعم سهمين فقط.

مثال عملي:

إذا ارتفع سهم بنك كبير بنسبة 5% ووزنه كبير في EGX 30

فقد يدفع المؤشر للصعود حتى لو هبطت معظم الأسهم لهذا لا تقِس أداءك بالمؤشر فقط.

مفهوم مهم:

اتساع السوق يعني: عدد الأسهم الصاعدة مقابل عدد الأسهم الهابطة

إذا ارتفع المؤشر لكن عدد الأسهم الهابطة أكبر فالصعود ضعيف.

سوق صحي يعني مشاركة واسعة بينما سوق هش يعني صعودًا ضيقًا.

قاعدة عملية

لا تسأل: هل المؤشر صاعد؟

اسأل:

- من يقود المؤشر؟
- هل السيولة مركزة أم موزعة؟
- هل المشاركة واسعة أم محدودة؟

المؤشر يخبرك عن الاتجاه العام لكن توزيع السيولة يخبرك عن جودة الاتجاه.

ما هو العائد الحقيقي؟

إذا ربحت 30% والتضخم 25% فأنت لم تربح 30%.

ربحت 5% فقط من حيث القوة الشرائية.

العائد الاسمي يخبرك كم زاد رصيدك.

العائد الحقيقي يخبرك ماذا تستطيع أن تشتري بهذا الرصيد.

في اقتصاد مرتفع التضخم الفرق بين الاثنين ليس تفصيلًا بل هو الفارق بين تنمية الثروة وتآكلها.

مثال عملي

استثمرت 100,000 جنيه.

أصبحت 130,000 جنيه.

لكن الأسعار ارتفعت 25%.

ما كنت تشتريه بـ 100,000 أصبح يحتاج 125,000.

صافي مكسبك الحقيقي 5,000 فقط.

لهذا لا تقارن ربحك بالماضي فقط بل قارنه بمستوى الأسعار الحالي.

أثر العملة

في مصر يجب أن تضيف سؤالًا آخر: هل الجنيه نفسه فقد قيمة؟

إذا ربحت 30% لكن الجنيه فقد 20% من قيمته أمام الدولار فجزء كبير من الربح كان تعويضًا للعملة.

المستثمر الواعي يحسب:

- عائد اسمي
- عائد حقيقي بعد التضخم
- عائد حقيقي بعد تغير العملة

قاعدة بسيطة

لا تسأل: كم ربحت؟

اسأل: هل زادت قوتي الشرائية فعلًا؟

المخاطر الرئيسية في السوق المصري

السوق لا يحمل نوعًا واحدًا من المخاطر ولكنه يحمل طبقات.

مخاطر الفائدة

ارتفاع الفائدة قد يؤدي إلى:

- خروج سيولة من الأسهم
- ضغط على التقييمات
- زيادة تكلفة تمويل الشركات

حتى الشركة الجيدة قد ينخفض سهمها بسبب قرار نقدي.

مخاطر العملة

تحرك مفاجئ في سعر الصرف قد:

- يرفع تكلفة الاستيراد
- يضغط على هوامش الربح
- يعيد تسعير السوق بالكامل

كل تعويم يعني دورة جديدة.

مخاطر السيولة

قد يكون تحليلك صحيحًا لكن لا توجد سيولة كافية.

السهم الجيد بلا سيولة قد يبقى ساكنًا طويلًا.

السيولة تحدد سرعة تحقق الفكرة.

مخاطر نفسية

- الخوف.
- الطمع.
- الاندفاع.
- العناد.

أغلب الخسائر الكبيرة ليست نتيجة قراءة اقتصادية خاطئة بل نتيجة قرار انفعالي.

أهم قاعدة: لا تدخل السوق قبل أن تعرف المرحلة واسأل نفسك ثلاثة أسئلة:

أين نحن في دورة الفائدة؟

هل الفائدة...

- في صعود؟
- في استقرار؟
- في بداية هبوط؟

هذا يحدد نوع القطاعات التي قد تقود المرحلة.

هل العملة مستقرة؟

هل هناك...

- ضغوط واضحة؟
- فجوة سعرية؟

- توقعات تعويم؟

العملة في مصر ليست تفصيلاً بل هي عامل حاسم.

من يقود السوق الآن؟

- هل القياديات تتحرك؟
- هل الأسهم الصغيرة في موجة مضاربة؟
- هل السيولة مركزة أم موزعة؟

السوق لا يتحرك ككتلة واحدة فكل مرحلة لها قائد.

القاعدة النهائية

لا تبدأ من السهم ولكن ابدأ من المرحلة.

إذا عرفت المرحلة تقل أخطاؤك بنسبة كبيرة وإذا تجاهلتها ستجد نفسك تدخل في نهاية كل موجة.

العلاقة بين دورة الفائدة ونوع السهم المناسب

مرحلة الفائدة	ماذا يحدث اقتصاديًا	نوع الأسهم الأنسب	لماذا
فائدة مرتفعة وفي صعود	- تشديد نقدي سيولة حذرة	- بنوك - شركات دفاعية أسهم ذات تدفقات نقدية قوية	تستفيد من العائد المرتفع أو تتحمل الضغط
فائدة مرتفعة لكنها مستقرة	ترقب - بداية إعادة تسعير	قياديات قوية - شركات ذات مديونية منخفضة	السوق يبدأ في الاستعداد للدورة القادمة
بداية خفض الفائدة	تحسن شهية المخاطرة	عقارات - صناعات - أسهم نمو	انخفاض تكلفة التمويل يرفع التقييمات
دورة تيسير واضحة	- توسع سيولة زخم صعود	قطاعات دورية - متوسطة الحجم	تتوسع مضاعفات الربحية
نهاية دورة التيسير	تضخم تقييمات - اندفاع مضاربي	أسهم صغيرة ومضاربية	سيولة تبحث عن مخاطرة أعلى

كيفية استخدام الجدول عمليًا

لا تسأل فقط:

هل الفائدة مرتفعة؟

اسأل:

هل ما زالت ترتفع؟ أم توقفت؟ أم بدأت تنخفض؟

الفرق بين (مرتفعة) و(تبدأ في الانخفاض) هو الفرق بين الدفاع والهجوم.

مثال تطبيقي

إذا كانت الفائدة 19% لكن البنك المركزي يلمح إلى خفض قريب فالسوق لا يتصرف كأن الفائدة 19% بل يتصرف كأن دورة جديدة على الأبواب.

السوق يسعّر المستقبل لا الحاضر.

قاعدة مكملة

الفائدة وحدها لا تكفي ويجب أن تُقرأ مع:

- استقرار العملة
- حركة السيولة
- شهية الأجانب

لكنها تظل نقطة البداية.

الجزء الأول

بنية السوق والقوى المحرّكة

الإطار الكلي قبل القرار الجزئي

السوق لا يبدأ من السهم بل يبدأ من تكلفة المال.

كل أصل مالي هو نتيجة معادلة غير مرئية تجمع بين:

سعر الفائدة وسعر الصرف ومستوى السيولة وتوقعات النمو

أي قرار استثماري يتجاهل هذه المعادلة يبدأ من منتصف الصورة.

في الأسواق الناشئة، تتضخم حساسية الأصول لهذه المتغيرات.

الفائدة لا تؤثر في تقييم الأسهم فقط، بل تعيد ترتيب أولويات المستثمر بين المخاطرة والعائد الخالي من المخاطر.

العملة لا تعكس سعرًا دوليًا فحسب، بل تعيد توزيع الربحية بين القطاعات.

شركات تستفيد، أخرى تتآكل هوامشها وسوق كامل يُعاد تسعيره.

السيولة ليست نتيجة ثانوية بل هي الوسيط الذي ينقل أثر الفائدة والعملة إلى السعر.

بدونها لا تتحرك الاتجاهات ومعها تتشكل الدورات.

لهذا لا يمكن قراءة سهم بمعزل عن مرحلته ولا يمكن تقييم قطاع دون فهم موقعه داخل الدورة النقدية.

هذا الجزء يؤسس للإطار الذي يسبق القرار من الأعلى إلى الأسفل.

نبدأ بالسياسة النقدية لأنها تحدد تكلفة رأس المال.

ننتقل إلى العملة لأنها تعيد تعريف الربح الحقيقي.

نحلل السيولة لأنها تكشف توقيت الانتقال بين القطاعات ثم نصل لاحقًا إلى الشركة والسعر.

بهذا الترتيب فقط يصبح التحليل مترابطًا.

القرار الجزئي لا يُبنى على معلومة منفصلة بل على قراءة منهجية للمشهد الكلي.

وكل من يبدأ من الأسفل يظل يلاحق الحركة أما من يبدأ من الإطار فيرى الاتجاه قبل أن يتسع.

هذا الجزء ليس تمهيدًا ولكنه هو الأساس الذي سيحكم كل ما يليه.

اقرأه كأنك تبني عدسة لأن ما بعده سيُرى من خلالها.

أهم 3 أسئلة:

- من يقود السوق في هذه المرحلة؟
- هل المؤشر يعكس السوق فعلًا؟
- هل السيولة مركزة أم موزعة؟

أكثر خطأ شائع:

الخلط بين حركة المؤشر وأداء المحفظة.

مؤشر تحذير مبكر:

صعود قياديات محدودة مع ضعف اتساع السوق.

الفصل الأول

التحولات الهيكلية للبورصة المصرية

من اقتصاد موجّه إلى سوق مفتوح

لفهم السوق المصري اليوم يجب أن نفهم كيف تشكّل.

السوق لم ينشأ في بيئة مستقرة ولم يتطور بخط مستقيم بل مرّ بمراحل متباينة غيّرت طبيعته أكثر من مرة وأي قراءة للحاضر دون هذا السياق ستكون ناقصة.

أولًا: مرحلة ما قبل التحرير الاقتصادي

في العقود التي سبقت التسعينات كان الاقتصاد موجّهًا بدرجة كبيرة.

الدولة هي الفاعل الرئيسي والقطاع الخاص محدود التأثير.

السوق المالي في تلك المرحلة لم يكن أداة تمويل حقيقية بل ساحة محدودة التداول.

- ضعف الشفافية.
- ضيق قاعدة المستثمرين.
- غياب ثقافة الاستثمار.

لم يكن هناك مفهوم واضح لتقييم قائم على السوق وكانت التسعيرات في كثير من الأحيان إدارية لا تنافسية. هذه الخلفية مهمة لأن أثرها النفسي استمر طويلًا.

ثانيًا: مرحلة الخصخصة والانفتاح

مع برامج الإصلاح الاقتصادي بدأت الدولة في إعادة هيكلة القطاع العام وظهرت طروحات لشركات كبرى وهنا بدأ السوق يكتسب دورًا جديدًا:

- أداة لتمويل الشركات

- قناة لجذب استثمارات أجنبية
- مؤشرًا على نجاح الإصلاح

فارتفعت السيولة ودخلت مؤسسات أجنبية وبدأت الثقافة الاستثمارية في التشكل.

لكن السوق ظل حساسًا للتقلبات الخارجية...

الاعتماد على تدفقات الأجانب جعله عرضة للانسحاب السريع عند الأزمات.

ثالثًا: مرحلة الصعود الكبير ثم اختبار 2008

مع موجة السيولة العالمية شهدت السوق المصرية صعودًا قويًا.

توسعت قاعدة المستثمرين وارتفعت التقييمات بسرعة.

لكن الأزمة المالية العالمية 2008 كشفت هشاشة الاعتماد على التدفقات الخارجية.

عندما خرجت الأموال انكشفت الفجوة بين السعر والقيمة.

هذه المرحلة علّمت السوق درسًا مهمًا: السيولة قد ترفع السوق أسرع مما ترفعه الأساسيات.

رابعًا: مرحلة الاضطراب السياسي وإعادة التسعير

أحداث 2011 لم تكن سياسية فقط بل كانت اختبارًا عميقًا لثقة المستثمر.

- تراجعت السيولة.

- تغيرت أولويات الدولة.
- ارتفع عنصر المخاطر.

هنا بدأت السوق تتحرك أكثر على أساس الأخبار الكلية وأقل على أساس نتائج الشركات.

تغيّر السلوك وأصبح عامل عدم اليقين جزءًا دائمًا من التقييم.

خامسًا: مرحلة التعويم وإعادة بناء المنظومة

تحرير سعر الصرف أعاد تعريف السوق بالكامل.

- تغيرت هيكلية التكاليف
- اختلفت موازين الربحية
- أعيد تسعير الأصول

ظهرت شركات استفادت من ضعف العملة وتضررت أخرى تعتمد على الاستيراد.

الأهم أن المستثمر بدأ يعي مفهوم العائد الحقيقي ولم يعد الربح بالجنيه كافيًا.

أصبح السؤال: كم تساوي أرباحك بالدولار؟ وما أثر التضخم عليها؟

سادسًا: مرحلة الصناديق السيادية وتغير دور الدولة

مع دخول أدوات استثمار سيادية وتوسع الطروحات الحكومية أصبح للدولة دور مزدوج:

منظم ولاعب اقتصادي مباشر وهذا يضيف بعدًا جديدًا للتحليل.

فالسوق لا يتأثر فقط بقوى العرض والطلب التقليدية بل أيضًا باستراتيجيات ملكية الدولة.

ماذا نتعلم من هذه التحولات؟

السوق المصري:

- شديد الحساسية للتغيرات الكلية
- متأثر بحركة العملة
- يعتمد جزئيًا على تدفقات خارجية
- يتغير سلوكه مع كل مرحلة اقتصادية

هو ليس سوقًا خطيًا بل سوق يعيد تشكيل نفسه مع كل دورة.

ولهذا لا يمكن تحليل سهم بمعزل عن المرحلة التي يعيشها السوق.

سؤال للقارئ

هل أنت تستثمر في شركة أم تستثمر في مرحلة اقتصادية؟

الإجابة على هذا السؤال ستحدد طريقة قراءتك لبقية الكتاب.

الفصل الثاني

القوى الفاعلة داخل السوق

من يملك تحريك الاتجاه؟

السوق لا يتحرك عشوائيًا فكل موجة صعود أو هبوط وراءها فئة تملك السيولة والقدرة على التأثير.

لفهم أي مرحلة اسأل أولًا: من يقود الآن؟

داخل البورصة المصرية تتوزع القوة بين أربع كتل رئيسية....

أولًا: المستثمر الفرد

هو الأكثر عددًا وغالبًا الأعلى في عدد العمليات اليومية.

خصائصه:

- قرارات سريعة
- تأثر قوي بالشائعات
- ميل للمضاربة
- حساسية للخسارة

عندما يقود الأفراد السوق ترتفع الأسهم الصغيرة بسرعة. تزداد التذبذبات. وتظهر موجات قصيرة حادة. السيولة هنا عاطفية أكثر منها مؤسسية.

ثانيًا: المؤسسات المحلية

تشمل:

- صناديق استثمار
- شركات تأمين
- محافظ بنكية

قراراتها أبطأ لكن أحجامها أكبر.

عندما تدخل المؤسسات:

- يزداد الاستقرار النسبي
- ترتفع القياديات
- تقل العشوائية

لكنها أيضًا مقيدة باللوائح ونسب توزيع الأصول لذلك تحرك وفق إطار منضبط.

ثالثًا: المستثمر الأجنبي

تأثيره نوعي أكثر من كمي ويدخل غالبًا في:

- الأسهم القيادية
- القطاعات المرتبطة بالدولار
- الشركات ذات الحوكمة الأفضل

دخوله يعطي ثقة وخروجه يضغط بقوة.

في الأسواق الناشئة تدفقات الأجانب ترتبط بـ:

- أسعار الفائدة العالمية
- شهية المخاطر
- استقرار العملة

إذا ارتفعت الفائدة في الأسواق المتقدمة تتقلص شهية المخاطرة وتبدأ التدفقات العكسية.

رابعًا: الدولة والصناديق السيادية

هذا عنصر خاص بالسوق المصري. الدولة قد تكون:

- منظمًا
- بائعًا عبر الطروحات
- مشتريًا استراتيجيًا
- شريكًا في إعادة هيكلة شركات

وجودها يضيف بعدًا سياسيًا واقتصاديًا للحركة.

عند طرح كبير قد تُسحب سيولة من السوق وعند استحواذ خليجي قد ترتفع تقييمات قطاع كامل.

كيف تتغير موازين القوة؟

القوى لا تعمل معًا دائمًا أحيانًا تتعارض.

مثال:

- الأفراد يشترون سهمًا صغيرًا
- المؤسسات تتجاهله
- الأجانب يخرجون من القياديات

النتيجة مؤشر ضعيف وموجة مضاربة قوية في الأسهم الصغيرة.

هنا يفشل من يقرأ المؤشر فقط.

إشارات تدل على من يقود السوق

راقب:

- تركّز السيولة

- حجم التداول في القياديات مقابل الصغيرة
- نسب تعاملات الأجانب
- تغيرات الملكيات

هذه البيانات تكشف المرحلة قبل أن تعلنها الأسعار.

قاعدة مهمة

لا تتداول ضد الفئة المسيطرة.

- إذا كانت المؤسسات تبيع لا تراهن على ارتداد سريع.
- إذا كان الأفراد في موجة مضاربة لا تبحث عن منطق تقييم كلاسيكي.

السوق لا يتحرك وفق منطق واحد دائمًا بل وفق الفئة الأكثر تأثيرًا في اللحظة.

خلاصة الفصل

السوق ساحة قوى والسعر نتيجة توازن مؤقت بينها.

من يفهم من يقود يختصر نصف الطريق.

الفصل الثالث

المؤشرات واتساع السوق

لماذا يصعد المؤشر وتنزف محفظتك؟

كثيرون يربطون أداءهم بأداء المؤشر.

إذا صعد المؤشر ظنوا أن السوق بخير وإذا هبط ظنوا أن الجميع يخسر.

لكن المؤشر ليس السوق بل هو عينة منه.

لفهم الصورة بدقة يجب أن نفكك مكونات المؤشرات أولًا.

أولًا: ما الذي تمثله المؤشرات فعليًا؟

في البورصة المصرية توجد عدة مؤشرات رئيسية، أهمها:

- EGX 30: يمثل أكبر الشركات من حيث السيولة والقيمة السوقية.
- EGX 70: يركز على الأسهم المتوسطة والصغيرة.
- EGX 100: يجمع بين الاثنين.

لكن الاختلاف لا يقتصر على الحجم بل على طبيعة الحركة.

فـ EGX 30 غالبًا يتأثر:

- بالبنوك الكبرى
- بالأسهم القيادية
- بالتدفقات الأجنبية

أما EGX 70 فيتحرك أكثر مع:

- السيولة المحلية
- موجات المضاربة
- المستثمر الفرد

هنا يبدأ الفرق.

EGP
1.764 (13,177.897)
T3
10%
1.618 (12,157.183)
T2
20%
(5)
1.41 (10,703.016)
T1
70%
10,619.000
0.79 (8,831.548)
(A)
(3)
0.618 (7,087.034)
BUY ZONE
(C)
0.79 (6,368.477)
2.414 (6,226.270)
0.705 (5,774.226)
0.667 (5,508.561)
0.618 (5,165.993)
0.381 (4,683.256)
0.5 (4,341.032)
0.381 (3,509.081)
(1)
0.236 (2,495.358)
0.5 (1,917.949)
0.236 (1,323.698)
(2)
2020
2021
2022
2023
2024

EGX100 EWI, 1D, EGX
Vol (5)
EGP
9000.000
7953
8000.000
7764.520
7550
7409
7000.000
resistance line
possible rebound
support line #1
6000.000
support line #2
5000.000
4000.000
MACD (12, 26, close, 9, EMA, EMA)
0.000
RSI (14, close, SMA, 14, 2)
Mar
May
Jul
Sep
Nov
2024
Mar

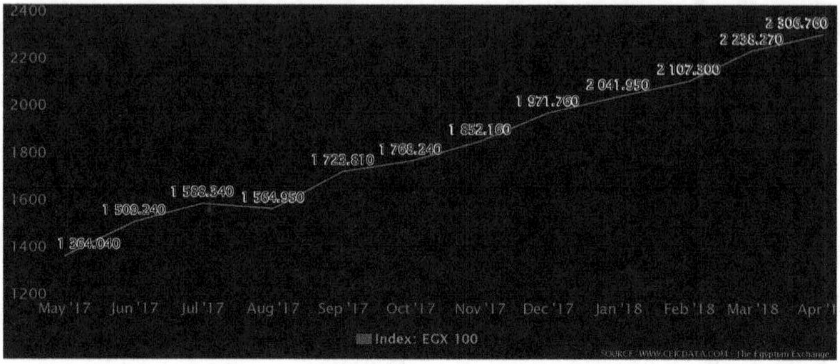

ثانيًا: لماذا يصعدEGX 30 بينما تخسر محفظتك؟

لأن المؤشر قد يرتفع بدعم سهمين أو ثلاثة فقط بينما بقية السوق ثابت أو هابط.

إذا كانت محفظتك في أسهم متوسطة وأموال المؤسسات تتركز في القياديات فسترى فجوة واضحة بين المؤشر وأدائك.

هذا ليس خللًا في السوق بل اختلاف في طبيعة السيولة.

ثالثًا: مفهوم اتساع السوق Breadth

اتساع السوق يقيس:

- عدد الأسهم الصاعدة
- مقابل عدد الأسهم الهابطة

إذا صعد المؤشر لكن 60% من الأسهم تهبط فهذا صعود ضعيف الاتساع.

الاتساع يكشف جودة الحركة.

سوق صحي يعني:

- ارتفاع عدد واسع من الأسهم
- مشاركة قطاعات متعددة
- سيولة موزعة

أما السوق الهش فيرتفع بتركيز ضيق.

رابعًا: متى يكون صعود المؤشر مضللًا؟

- عند دخول سيولة أجنبية مركزة في القياديات
- عند إعلان خبر إيجابي لشركة كبرى
- عند إعادة هيكلة أوزان المؤشر

في هذه الحالات قد يظهر السوق قويًا بينما القاعدة ضعيفة.

خامسًا: دورة انتقال السيولة بين المؤشرات

في السوق المصري غالبًا ما تتحرك السيولة في دورات:

1) تبدأ بالقياديات
2) تنتقل للمتوسطة
3) تنتهي في الصغيرة
4) ثم تبدأ موجة جني أرباح

من يراقب المؤشرات فقط يفوته فهم هذه الدورة.

من يراقب انتقال السيولة يقرأ المرحلة مبكرًا.

سادسًا: كيف تستخدم المؤشرات بشكل صحيح؟

لا تستخدمها لتحديد سهم ولكن استخدمها لتحديد مرحلة.

اسأل نفسك:

- هل السيولة مركزة أم موزعة؟
- هل الأفراد يقودون الحركة أم المؤسسات؟
- هل الصعود مدعوم باتساع حقيقي؟

المؤشر يخبرك عن البيئة وليس عن الصفقة.

خلاصة الفصل

المؤشر ليس مقياسًا لنجاحك بل مقياس لحرارة السوق.

نجاحك يعتمد على:

- فهم أين تتركز السيولة
- اختيار القطاع المناسب للمرحلة
- عدم الانخداع بصعود شكلي

الفصل الرابع

الإطار التنظيمي وتأثيره على السيولة

عندما تغيّر القواعد شكل اللعبة

السوق لا تحكمه قوى العرض والطلب فقط تحكمه أيضًا القواعد.

أي تعديل تنظيمي قد يغيّر سرعة التداول، درجة المخاطرة وشهية المستثمرين.

داخل البورصة المصرية تعمل المنظومة تحت رقابة الهيئة العامة للرقابة المالية.

دور الرقابة لا يقتصر على الحماية بل يمتد إلى تشكيل سلوك السوق نفسه.

أولًا: قواعد التداول وأثرها المباشر

تعديلات مثل:

- حدود الإيقاف المؤقت
- آليات المزايدة
- ضوابط الشراء بالهامش
- متطلبات الإفصاح

تؤثر فورًا على:

- سرعة دوران السيولة
- درجة التذبذب
- مستوى المخاطرة المقبول

تشديد قواعد الهامش يقلل المضاربة وتخفيفها يزيد النشاط لكنه يرفع المخاطر.

ثانيًا: الإفصاح والشفافية

في سوق ناشئ تأخر الإفصاح أو نقص المعلومات يخلق فجوات سعرية حادة.

عندما تحسن قواعد الإفصاح:

- يقل عنصر المفاجأة
- تحسن كفاءة التسعير
- تتراجع حدة الشائعات

لكن في بيئة معلوماتية غير مكتملة يصبح من يملك المعلومة المبكرة صاحب أفضلية وهنا تظهر فجوة بين المستثمر الفرد والمؤسسة.

ثالثًا: قرارات إيقاف الأسهم

إيقاف التداول إجراء تنظيمي لكنه يحمل أثرًا نفسيًا قويًا فعندما يُوقف سهم:

- تتجمد السيولة
- يرتفع القلق
- تتضخم التوقعات

ثم عند إعادة التداول يحدث انفجار سعري في الاتجاهين وهذه ليست حركة فنية بل تفاعل تنظيمي نفسي.

رابعًا: الطروحات الحكومية وأثرها الهيكلي

عند طرح شركة كبيرة:

- تُعاد توجيه السيولة

- تتغير أوزان المؤشرات
- يتحول اهتمام المؤسسات

إذا لم تُضخ سيولة جديدة يُسحب المال من أسهم أخرى والنتيجة ضغط مؤقت على السوق ككل.

خامسًا: العلاقة بين التنظيم والسيولة

- سوق منظم بصرامة مفرطة قد يفقد جزءًا من نشاطه.
- سوق ضعيف الرقابة قد يفقد ثقة المستثمر طويل الأجل.

التوازن هو العنصر الحاسم.

في السوق المصري أي تغير تنظيمي يجب قراءته كجزء من المرحلة الاقتصادية لا كقرار منفصل.

قاعدة تحليلية مهمة

اسأل دائمًا:

- هل التذبذب الحالي ناتج عن تغير في الأساسيات أم عن تعديل تنظيمي؟
- هل السيولة خرجت خوفًا أم بسبب تغيير في قواعد اللعبة؟

الفصل بين العاملين يوفر قراءة أدق.

خلاصة الجزء الأول

السوق المصري:

- تشكّل عبر تحولات اقتصادية متعاقبة

- تحكمه قوى متعددة
- يتأثر بقواعد تنظيمية متغيرة
- حساس للسيولة أكثر من كثير من الأسواق المتقدمة

الآن ننتقل خطوة أعمق.

إذا كانت البنية واضحة والقوى مفهومة فمن يقود كل هذا في الخلفية؟

الاقتصاد الكلي.

الجزء الثاني

الاقتصاد الكلي

من الإطار إلى الحركة

في الجزء الأول فهمنا العوامل التي تعيد تسعير السوق لكن الفهم النظري لا يكفي لاتخاذ قرار.

الاقتصاد يرسم الخلفية أما السوق فيتحرك عبر مراحل.

الفرق بين من يعرف ومن يربح ليس في امتلاك المعلومة، بل في معرفة موقعه داخل الدورة.

كل سوق يمر بمراحل:

- تراكم هادئ
- صعود تدريجي
- توسع واسع
- اندفاع مضاربي
- انكماش وتصحيح

هذه المراحل لا تحدث عشوائيًا بل تحدث عندما تتفاعل الفائدة والعملة والسيولة معًا.

عندما تستقر السياسة النقدية تبدأ المؤسسات في التراكم.

عندما تحسن الرؤية تنتقل السيولة إلى القياديات.

عندما تتوسع الثقة تصل الحركة إلى الأسهم المتوسطة والصغيرة.

ثم تأتي مرحلة الاندفاع وحينها تختلط القناعة بالانفعال.

قراءة المرحلة أهم من قراءة السهم.

قد يكون تحليلك الأساسي صحيحًا، لكن دخولك في نهاية المرحلة يحوّل الصواب إلى خسارة.

هذا الجزء يهدف إلى:

- تحديد شكل كل مرحلة
- فهم انتقال السيولة
- قراءة اتساع السوق
- التمييز بين صعود صحي وصعود هش

لن نبحث هنا عن أفضل سهم بل سنبحث عن السؤال الأهم: أين نحن الآن؟

لأن الإجابة عن هذا السؤال تحدد درجة المخاطرة، ونوع القطاعات المناسبة، وسرعة القرار.

السوق لا يكافئ من يسبق الآخرين بالذكاء فقط، بل من يسبقهم بفهم المرحلة.

وهذا ما سنبنيه هنا.

أهم 3 أسئلة:

- أين نحن في دورة الفائدة؟
- ما اتجاه العملة؟
- هل التضخم في ذروة أم بداية موجة؟

أكثر خطأ شائع:

تحليل سهم بمعزل عن السياق النقدي.

مؤشر تحذير مبكر:

اتساع الفجوة بين العائد الاسمي والحقيقي.

الفصل الخامس

دورة الفائدة والسياسة النقدية

كيف تبتلع الشهادات البنكية سيولة الأسهم؟

السوق لا يبدأ من شاشة التداول ولكنه يبدأ من قرار سعر الفائدة.

القرار الذي يصدر عن البنك المركزي المصري يعيد تسعير كل شيء.

الفائدة ليست رقمًا ماليًا فقط بل هي تكلفة المال وهي العائد البديل وهي مقياس المخاطر.

أولًا: كيف تؤثر الفائدة على الأسهم مباشرة؟

عندما ترتفع الفائدة:

- يزيد العائد الخالي من المخاطر
- تصبح الشهادات البنكية منافسًا قويًا للأسهم
- ترتفع تكلفة الاقتراض على الشركات
- تنخفض تقييمات النمو

النتيجة الطبيعية خروج جزء من السيولة من السوق.

عندما تنخفض الفائدة:

- يتراجع العائد البديل
- تزداد شهية المخاطرة
- ترتفع مضاعفات الربحية

السوق يعيد تسعير نفسه وفق هذا الإطار.

ثانيًا: العلاقة بين الفائدة والتقييم

قيمة السهم نظريًا هي القيمة الحالية للتدفقات النقدية المستقبلية.

كلما ارتفع معدل الخصم انخفضت القيمة الحالية.

عندما ترتفع الفائدة 3% أو 4% فهذا لا يعني فقط ضغطًا نفسيًا بل يعني إعادة تقييم رياضية.

الأسهم التي تعتمد على نمو طويل الأجل تتأثر أكثر والأسهم ذات التدفقات المستقرة تتأثر أقل.

ثالثًا: الشهادات البنكية

في السوق المصري للفائدة بعد نفسي قوي. عندما تعلن شهادات بعائد مرتفع:

- يتحول جزء من المستثمرين إلى الادخار
- يقل الطلب على الأسهم
- تنخفض السيولة اليومية

هذا ليس ضعفًا في الشركات بل إعادة توزيع للأموال.

السؤال هنا ليس هل السوق جيد؟ بل هل العائد البديل أكثر إغراء؟

رابعًا: القطاعات الأكثر حساسية للفائدة

- العقارات: تتأثر بتكلفة التمويل
- الأسهم ذات المديونية المرتفعة: تتأثر بخدمة الدين
- البنوك: قد تستفيد من اتساع هامش الفائدة

لكن التأثير ليس ثابتًا ولكنه يعتمد على المرحلة الاقتصادية.

- في دورة تشديد حادة تضغط الفائدة على النمو.
- في مرحلة استقرار تبدأ الأسهم في استباق الخفض المتوقع.

خامسًا: السوق يستبق القرار

غالبًا ما يتحرك السوق قبل إعلان القرار.

إذا توقّع المستثمرون رفعًا للفائدة يبدأ التسعير مبكرًا.

القرار الفعلي قد لا يحرك السوق لأنه أصبح محسوبًا بالفعل.

هنا تظهر أهمية قراءة التوقعات لا القرار وحده.

سادسًا: الفائدة والدولار

في الأسواق الناشئة الفائدة ترتبط بسعر الصرف.

رفع الفائدة قد يهدف إلى:

- دعم العملة
- كبح التضخم
- جذب تدفقات أجنبية

إذا نجح الهدف تتحسن ثقة السوق وإذا لم ينجح يتضاعف الضغط.

الفائدة وحدها لا تكفي. يجب أن تُقرأ داخل سياق العملة والتضخم.

قاعدة تحليلية

قبل أن تشتري سهمًا اسأل:

أين نحن في دورة الفائدة؟

هل نقترب من ذروة التشديد أم بداية التيسير؟

التوقيت الكلي يختصر نصف القرار.

خلاصة الفصل

الفائدة ليست رقمًا في خبر اقتصادي هي حجر الأساس في تقييم كل أصل مالي.

من يفهم دورة الفائدة يفهم لماذا ترتفع السوق رغم ضعف النتائج ولماذا تهبط رغم قوة الأرباح.

الفصل السادس

الجنيه والدولار

فجوات العملة وحساب العائد الحقيقي

في السوق المصري لا يكفي أن تسأل كم ربحت؟

السؤال الأدق بأي عملة ربحت؟

الجنيه ليس وحدة قياس مستقرة بل هو أصل يتغير سعره وأحيانًا يتغير بسرعة.

أي تحليل يتجاهل العملة فهو تحليل ناقص.

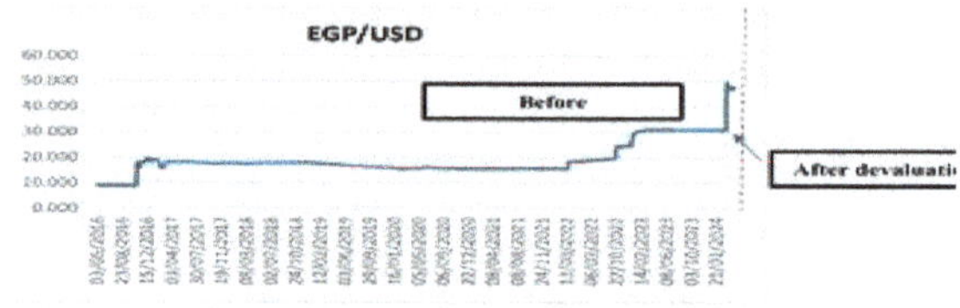

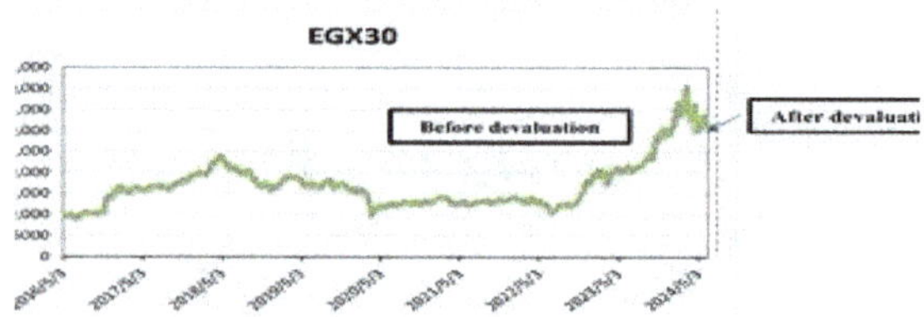

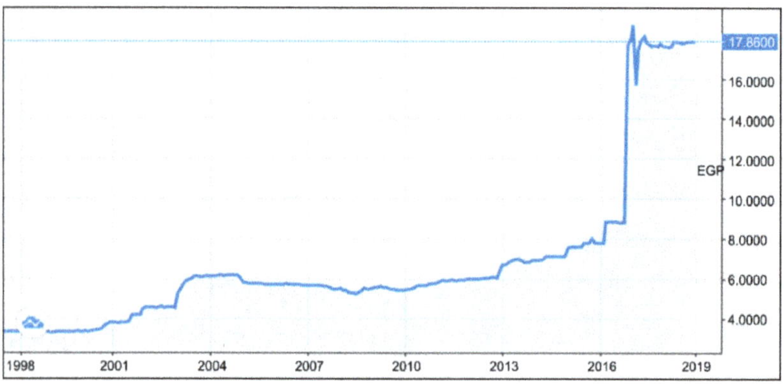

أولًا: سعر الصرف كمحرك لإعادة التسعير:

عندما يتراجع الجنيه:

- ترتفع تكلفة الاستيراد
- تتآكل هوامش بعض الشركات
- تستفيد الشركات ذات الإيرادات الدولارية
- يعاد تقييم الأصول المقومة بالجنيه

التعويم ليس حدثًا ماليًا فقط بل هو إعادة توزيع للثروة داخل السوق.

الشركات التصديرية قد تحقق أرباحًا اسمية مرتفعة.

لكن السؤال هل هو نمو حقيقي أم أثر عملة؟

ثانيًا: فجوات العملة

في بعض المراحل يتسع الفارق بين السعر الرسمي والموازي وهذا يخلق:

- عدم يقين
- تأجيل قرارات استثمارية
- تسعيرًا احترازيًا في السوق

السهم في هذه الحالة لا يعكس فقط أداء الشركة بل يعكس توقعات العملة.

ثالثًا: الأسهم كأداة تحوط:

في بيئة تضخمية ومع ضعف العملة يلجأ بعض المستثمرين إلى الأسهم كوسيلة لحماية القيمة لكن ليست كل الأسهم وسيلة تحوط.

التحوط يتحقق عندما:

- تكون الإيرادات مرتبطة بالدولار
- أو تكون الأصول قابلة لإعادة التسعير
- أو يكون النشاط محميًا من تقلب العملة

غير ذلك قد يتحول السهم إلى ضحية للعملة لا ملاذًا منها.

رابعًا: حساب العائد الحقيقي:

لنفرض أنك حققت عائدًا 40% في عام وفي العام نفسه:

- التضخم 30%
- الجنيه فقد 20% أمام الدولار

العائد الاسمي لا يكفي والعائد الحقيقي يُحسب بعد خصم التضخم ومقارنة القوة الشرائية بالدولار أو الذهب.

كثيرون يحققون أرباحًا على الورق لكن ثروتهم الفعلية لا تنمو.

خامسًا: القطاعات الحساسة للعملة

- شركات تعتمد على مدخلات مستوردة
- شركات لديها ديون دولارية
- شركات تبيع بالسوق المحلي فقط

هذه تتأثر سلبًا بضعف العملة وفي المقابل:

- شركات تصديرية
- شركات لديها أصول دولارية
- شركات تسعّر منتجاتها وفق التكلفة العالمية قد تستفيد.

لكن لا تنظر إلى الإيرادات فقط بل انظر إلى هيكل التكلفة أيضًا.

القطاع	ارتفاع الدولار ١٠%	لماذا
الأسمدة	إيجابي قوي	إيرادات تصديرية
البتروكيماويات	إيجابي متوسط	جزء من الإيرادات دولاري
الأغذية المحلية	سلبي متوسط	مدخلات مستوردة
السيارات	سلبي قوي	استيراد كامل
البنوك	مزدوج	أرباح فروق عملة مقابل مخاطر ديون
العقارات	مختلط	تحوط جزئي عبر تسعير

سادسًا: الدولار كمرجع نفسي

في السوق المصري الدولار ليس مجرد عملة بل هو مؤشر ثقة.

- عندما يستقر الدولار تزداد شهية المخاطرة.
- عندما يتذبذب بقوة يرتفع القلق وتتحول السيولة إلى وضع دفاعي.

السوق يتنفس مع العملة.

قاعدة تحليلية

قبل تقييم أي سهم اسأل:

كيف يتأثر هذا النشاط بتغير 10% في سعر الصرف؟

إذا لم تستطع الإجابة فأنت لا ترى الصورة كاملة.

خلاصة الفصل

في الأسواق المستقرة يمكن تجاهل العملة نسبياً.

في السوق المصري العملة جزء من التحليل الأساسي.

من لا يحسب عائده الحقيقي قد يربح أرقامًا ويخسر قيمة.

الفصل السابع

التضخم وإعادة التسعير

الربح الاسمي مقابل الربح الحقيقي

التضخم ليس رقمًا في بيان إحصائي بل هو قوة تعيد تشكيل السوق بالكامل.

عندما ترتفع الأسعار في الاقتصاد لا ترتفع الأرباح بالضرورة أحيانًا ترتفع الأرقام فقط.

السوق في بيئة تضخمية يحتاج قراءة مختلفة.

أولًا: الفرق بين النمو الاسمي والحقيقي:

إذا ارتفعت إيرادات شركة 25% بينما التضخم 30% فالشركة لم تنمُ فعليًا هي تحافظ بالكاد على موقعها.

النمو الحقيقي هو ما يتجاوز التضخم.

كثير من المستثمرين يَنخدعون بنسب النمو دون خصم أثر ارتفاع الأسعار.

ثانيًا: كيف يعيد التضخم تشكيل مضاعفات الربحية:

في بيئة تضخم منخفض يمكن للسوق أن يمنح مضاعفات ربحية مرتفعة.

في بيئة تضخم مرتفع:

- يرتفع معدل الخصم
- يقل استعداد المستثمر لدفع مضاعفات عالية
- تنضغط التقييمات

حتى لو ارتفعت الأرباح اسميًا قد ينخفض مضاعف الربحية.

النتيجة سهم ثابت رغم تحسن النتائج الظاهري.

ثالثًا: القطاعات التي تسبق التضخم

ليست كل القطاعات تتأثر بنفس الطريقة.

بعضها يستطيع تمرير التكلفة بسرعة، بعضها يتأخر وبعضها يعجز.

القطاعات التي تملك:

- قدرة تسعيرية قوية
- منتجات ضرورية
- طلبًا غير مرن

تتكيف أسرع.

أما الأنشطة ذات المنافسة الشديدة أو الطلب المرن فتتآكل هوامشها.

رابعًا: التضخم والمخزون

في بيئة تضخمية قد تستفيد الشركات التي تملك مخزونًا تم شراؤه بأسعار منخفضة.

تبيع بسعر جديد وتحقق هامشًا مرتفعًا مؤقتًا.

لكن هذا ليس نموًا مستدامًا بل هو أثر دورة أسعار.

هنا تظهر أهمية قراءة التدفقات النقدية لا الأرباح فقط.

خامسًا: التضخم وسلوك المستثمر

عندما يرتفع التضخم:

- ترتفع التوقعات
- تزداد المخاوف
- يبحث المستثمر عن أصول حقيقية

في بعض المراحل تتحول الأسهم إلى بديل للذهب. وفي مراحل أخرى يخرج المستثمر منها بحثًا عن سيولة.

السياق يحدد الاتجاه.

سادسًا: هل كل تضخم سلبي؟

ليس دائمًا.

تضخم معتدل في اقتصاد نامٍ قد يعكس نشاطًا صحيًا.

لكن تضخم مرتفع مع ضعف نمو يخلق ضغطًا مزدوجًا:

- ارتفاع تكلفة
- ضعف طلب

هنا تتقلص هوامش الربح وتزداد المخاطر.

قاعدة تحليلية

عند قراءة نتائج شركة

اسأل:

كم من النمو ناتج عن زيادة سعر؟ وكم ناتج عن زيادة حجم مبيعات حقيقي؟

الفارق بين الاثنين هو الفارق بين قوة حقيقية ووهم مؤقت.

خلاصة الفصل

التضخم يعيد تسعير السوق ببطء وقد يخدع من ينظر إلى الأرقام دون سياق.

الربح الحقيقي هو ما يزيد القوة الشرائية لا ما يزيد الرقم فقط.

الفصل الثامن

الدولة كلاعب اقتصادي

عندما لا تكون الدولة مجرد منظم

في بعض الأسواق الدولة تضع القواعد فقط.

في السوق المصري الدولة تضع القواعد وتشارك أحيانًا في اللعبة.

هذا لا يعني خللًا بالضرورة لكنه يعني أن التحليل يجب أن يتسع.

أولًا: الدولة كمنظم

من خلال الهيئة العامة للرقابة المالية والبورصة المصرية تحدد الدولة:

- قواعد القيد
- متطلبات الإفصاح
- آليات التداول
- ضوابط الشراء بالهامش

هذا الدور تنظيمي بحت لكن أثره يتجاوز اللوائح.

أي تغيير في القواعد يعيد تشكيل سلوك المستثمرين فورًا.

ثانيًا: الدولة كمالك وشريك

من خلال صندوق مصر السيادي والكيانات التابعة لها تمتلك الدولة حصصًا مباشرة في شركات مدرجة وغير مدرجة.

عندما تعيد الدولة هيكلة ملكياتها:

- تتغير موازين القوى داخل الشركة
- يدخل مستثمرون استراتيجيون
- يعاد تسعير السهم

السوق هنا لا يقرأ نتائج أعمال فقط بل يقرأ توجهًا استراتيجيًا.

ثالثًا: الطروحات الحكومية

عند طرح شركة كبيرة:

- تُسحب سيولة من السوق
- تعاد موازنة المحافظ
- ترتفع المنافسة على الأموال المتاحة

إذا لم تدخل سيولة جديدة قد يضغط الطرح على باقي الأسهم مؤقتًا.

لكن إذا جذب مستثمرين جدد قد يعمّق السوق على المدى الأطول.

الطرح ليس حدثًا فنيًا بل حدث هيكلي.

رابعًا: الاستحواذات الخليجية

في السنوات الأخيرة لعبت الاستحواذات الإقليمية دورًا مهمًا فدخول مستثمر خليجي استراتيجي قد:

- يرفع التقييم
- يعزز الثقة
- يغير توقعات القطاع بالكامل

لكن يجب التمييز بين:

- استحواذ استراتيجي طويل الأجل
- صفقة مالية قصيرة الأفق

التحليل السطحي يخلط بينهما.

خامسًا: وثيقة ملكية الدولة

إعلان توجهات الدولة أو تقليل الملكية في قطاعات معينة ليس خبرًا عابرًا بل هو إشارة لإعادة توزيع الأدوار داخل الاقتصاد.

المستثمر الذكي لا يقرأ القرار وحده ولكنه يقرأ ما يعنيه هيكليًا.

سادسًا: مخاطر الاعتماد المفرط على الدولة

عندما يعتمد قطاع بالكامل على سياسات دعم أو قرارات تنظيمية تصبح أرباحه عرضة للتغير المفاجئ.

الاستثمار طويل الأجل يتطلب فهم استدامة السياسة لا الاستفادة اللحظية منها.

قاعدة تحليلية

اسأل دائمًا:

- هل ارتفاع السهم ناتج عن تحسن جوهري في النشاط أم عن تغير في هيكل الملكية؟
- هل القرار الحالي يعكس إصلاحًا طويل الأجل أم تدخلًا مرحليًا؟

الإجابة تحدد طبيعة المخاطرة.

الفصل التاسع

دورة السيولة الكاملة

كيف تنتقل الأموال قبل أن تتحرك الأخبار؟

السوق لا يتحرك فجأة.

السيولة تتحرك أولًا.

- الاقتصاد يغيّر الخلفية.
- الفائدة تعيد تسعير الأصول.
- العملة تغيّر الثقة.

ثم تبدأ الأموال في الانتقال.

من يفهم انتقال السيولة يعرف المرحلة ومن يعرف المرحلة يضبط قراره.

المرحلة الأولى: التراكم الصامت

البيئة الاقتصادية:

- فائدة مرتفعة أو مستقرة
- تشاؤم عام
- نتائج ضعيفة نسبيًا
- اهتمام إعلامي منخفض

السلوك داخل السوق:

- دخول مؤسسات بهدوء
- أحجام تداول محدودة
- استقرار في القياديات

كيف نتصرف؟

- زيادة تدريجية
- تركيز على الشركات القوية

- تجنب المضاربة

هذه المرحلة لا تبدو جذابة لكن المخاطر بدأت تخفض.

المرحلة الثانية: بداية التحرك

الإشارات المبكرة:

- استقرار العملة
- توقعات خفض فائدة
- تحسن في أحجام القياديات

ما يحدث فعلياً:

- دخول أموال مؤسسية أكبر
- تماسك المؤشر
- تحسن في اتساع السوق

السوق لا يرتفع بقوة لكنه يبني قاعدة.

القرار المناسب:

- زيادة الانكشاف تدريجياً
- التركيز على القطاعات المرتبطة بالدورة الجديدة

المرحلة الثالثة: التوسع الحقيقي

البيئة:

- وضوح اقتصادي أكبر

- استقرار نسبي في السياسة النقدية
- دخول أجانب

السلوك:

- انتقال السيولة من القياديات إلى المتوسطة
- ارتفاع أحجام التداول
- تحسن مضاعفات الربحية

هنا يبدو السوق قويًا بالفعل.

القرار:

- الاستفادة من الزخم
- إعادة توزيع داخل القطاعات
- مراقبة اتساع السوق

المرحلة الرابعة: الذروة المضاربية

الإشارات:

- الأسهم الصغيرة تقود
- ارتفاعات سريعة
- مضاعفات مرتفعة
- دخول أفراد بكثافة

المؤسسات تبدأ في تقليل مراكزها لكن الضجيج يغطي ذلك.

الخطأ الشائع:

الدخول بكامل السيولة عند القمة.

القرار الصحيح:

- تقليل المخاطر تدريجيًا
- عدم مطاردة الأسهم المتضخمة
- زيادة النقد

المرحلة الخامسة: التصريف والانكماش

البيئة:

- ضغط على العملة أو رفع فائدة
- خروج أجانب
- ضعف اتساع السوق

السلوك:

- بيع جماعي
- اختفاء السيولة
- فجوات سعرية

هنا ينكشف من لم يحدد هويته.

القرار:

- حماية رأس المال
- تقليل الانكشاف
- انتظار مرحلة تراكم جديدة

كيف تحدد موقعك داخل الدورة؟

اسأل:

- هل الفائدة في ذروة أم بداية خفض؟
- هل العملة مستقرة أم تحت ضغط؟
- هل القياديات تقود أم الأسهم الصغيرة؟
- هل اتساع السوق قوي أم ضيق؟

الإجابات تحدد المرحلة.

العلاقة بين الدورة والقرار

في التراكم: الانضباط أهم من الحماس.

في التوسع: الجرأة المنضبطة مطلوبة.

في الذروة: الحذر أهم من الطمع.

في الانكماش: السيولة حماية لا عجز.

القاعدة الذهبية

لا تدخل بقوة في نهاية الدورة ولا تخرج بذعر في بدايتها.

الدورة لا تمنع الخسارة لكنها تمنع المفاجأة.

السوق لا يتحرك بخط مستقيم ولكنه يتحرك في دورة.

من لا يرى الدورة يظن أن كل صعود دائم وكل هبوط نهاية.

لكن في الواقع السيولة تنتقل وفق إيقاع يرتبط بـ:

- الفائدة
- العملة
- تدفقات الأجانب

- سلوك الأفراد

وهنا يبدأ الفهم الحقيقي.

أولًا: مرحلة التراكم

- فائدة مرتفعة أو مستقرة
- تشاؤم عام
- دخول مؤسسات بهدوء
- أحجام تداول منخفضة

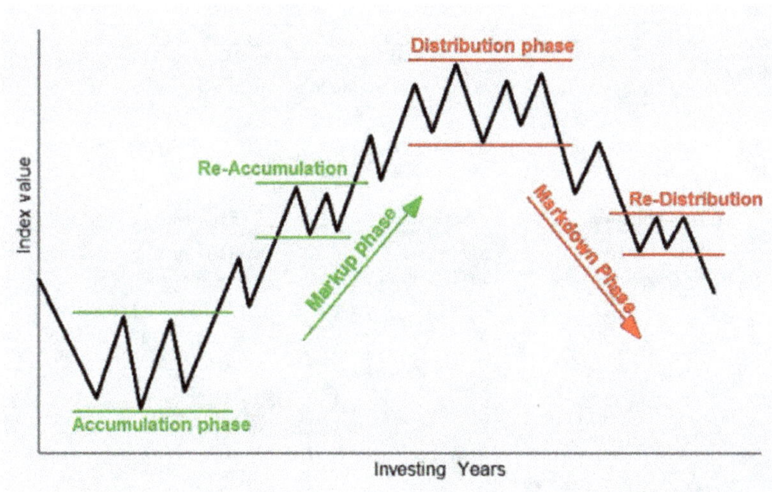

السوق لا يبدو جذابًا لكن المخاطر بدأت تنخفض.

هذه المرحلة لا يراها إلا المنضبط.

2. بداية الصعود

تبدأ التوقعات في التغير.

- حديث عن استقرار العملة
- احتمالات خفض فائدة
- تحسن تدريجي في القياديات

السيولة المؤسسية تتحرك أولًا والمؤشر يبدأ في التماسك.

التحرك هنا بطيء لكن نوعي...

- توقع خفض فائدة
- استقرار عملة
- ارتفاع تدريجي في القياديات

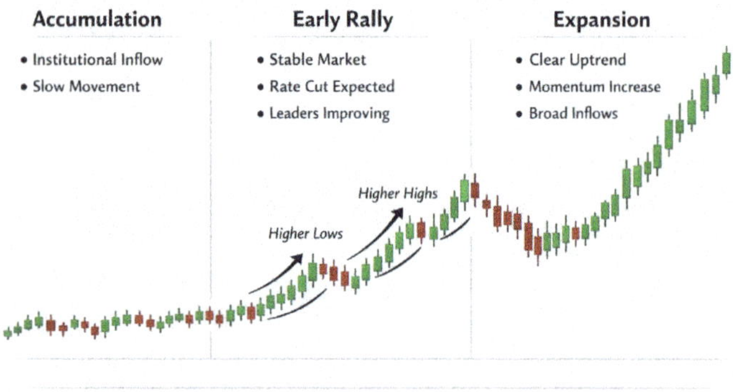

The start of a rally doesn't begin with a price explosion, but with quiet capital before anyone notices.

3. التوسع

تزداد الثقة.

- دخول أجانب
- انتقال السيولة للقطاعات
- ارتفاع أحجام التداول
- تحسن التقييمات

تبدأ العدوى الصعودية.

من القياديات إلى المتوسطة ثم الصغيرة.

السوق هنا يبدو قويًا فعلاً.

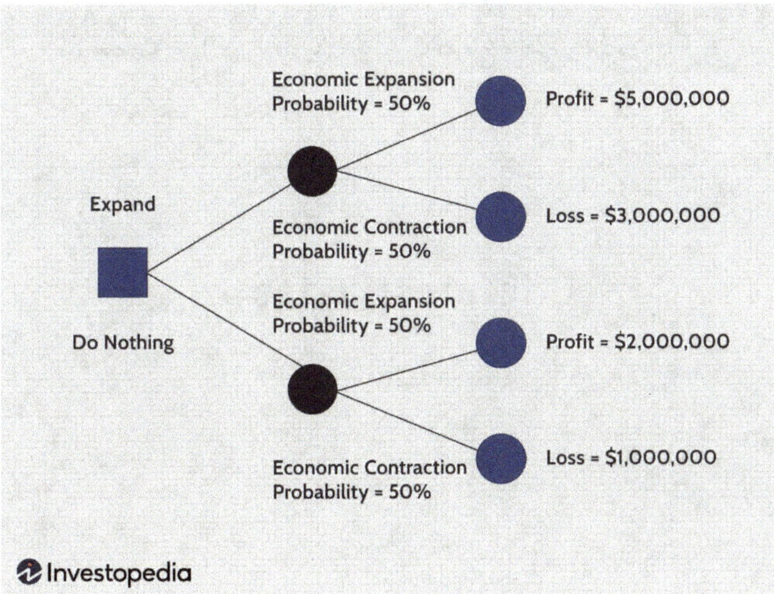

4. الذروة المضاربية

السيولة المحلية تقود والأسهم الصغيرة تتحرك بسرعة.

- أسهم صغيرة تقود
- ارتفاعات حادة
- مضاعفات مبالغ فيها
- سيطرة الأفراد
- ارتفاعات حادة
- مضاعفات مبالغ فيها
- حديث متكرر عن فرص لا تعوض

هنا يختلط التحليل بالحماس.

المؤسسات تبدأ في التصريف لكن الاندفاع يغطي ذلك.

5. التصريف والانكماش

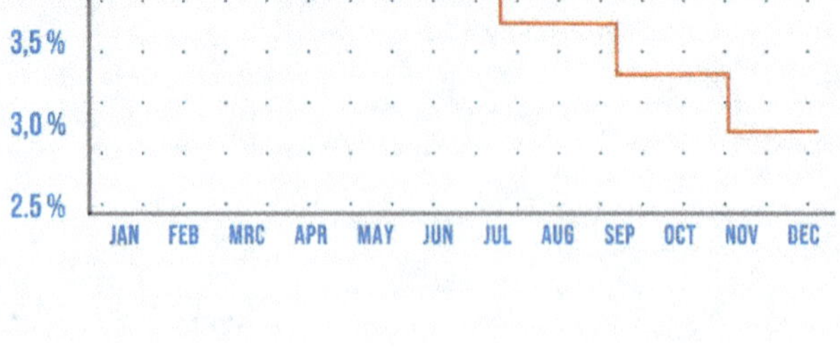

- ارتفاع حجم التداول عند القمم
- خروج مؤسسات
- رفع فائدة أو ضغط عملة
- بيع جماعي

السيولة الذكية خرجت ويبقى الأفراد في الواجهة ثم يبدأ الهبوط.

المرحلة الاقتصادية تحدد شكل السيولة فلا تتحرك قبل أن تحدد المرحلة

هل الفائدة في ارتفاع؟

⬇

نعم تقليل تعرض

لا هل العملة مستقرة؟

⬇

نعم زيادة تدريجية

لا تحوط أو انتظار

كيف تقرأ موقعك داخل الدورة؟

يوضع هنا الرسم الرابع: "خريطة اتخاذ القرار"

اسأل:

- هل الفائدة في ذروة؟
- هل العملة مستقرة؟
- هل الأجانب يدخلون أم يخرجون؟
- هل الأسهم الصغيرة تقود؟

الإجابة تحدد المرحلة.

العلاقة بين الدورة والقرار

- في التراكم: يزداد الانضباط ويقل الحماس.
- في التوسع: يمكن زيادة التعرض تدريجيًا.
- في الذروة: يجب تقليل المخاطر لا زيادتها.
- في الانكماش: السيولة حماية لا عجز.

القاعدة الذهبية

لا تدخل بقوة في نهاية الدورة ولا تخرج بذعر في بدايتها.

الدورة لا تمنع الخسارة لكنها تقلل المفاجأة.

خلاصة الفصل

الفائدة تحرك التقييم أما العملة فتحرك الثقة.

الأجانب يحركون الاتجاه والأفراد يضخمون الحركة.

ومن يفهم الإيقاع يتقدم خطوة قبل الجميع.

مرحلة 1: تراكم

فائدة مرتفعة - تشاؤم - دخول مؤسسات بهدوء

↓

مرحلة 2: بداية صعود

استقرار عملة – تحرك قياديات – ارتفاع تدريجي

⬇

مرحلة 3: توسع

دخول أجانب – انتقال للقطاعات – أحجام قوية

⬇

مرحلة 4: ذروة مضاربية

أسهم صغيرة تقود – مضاعفات مرتفعة – اندفاع أفراد

⬇

مرحلة 5: تصريف وانكماش

خروج مؤسسات – ضغط عملة أو فائدة – بيع جماعي

خلاصة الجزء الثاني

الاقتصاد الكلي ليس خلفية محايدة بل هو المحرك الأول.

- الفائدة
- العملة
- التضخم
- دور الدولة

كلها تعيد تشكيل السوق قبل أن تتحرك الأسهم ومن يقرأ الاقتصاد يستبق الحركة.

الآن ننتقل إلى طبقة أعمق.

إذا كان الاقتصاد هو المايسترو فالسيولة هي الصوت الفعلي في السوق.

نبدأ الجزء الثالث

ديناميكية السيولة والسلوك.

الجزء الثالث

السيولة والسلوك

قد تفهم الاقتصاد بدقة وتحدد المرحلة بشكل صحيح ثم تدخل السوق ولا يحدث شيء.

ليست المشكلة في التحليل ولكن المشكلة في التوقيت

الاقتصاد يحدد الاتجاه لكن السيولة تحدد الحركة

قد تكون الفكرة صحيحة لكن المال لم يدخل بعد

السوق لا يتحرك لأنك فهمت بل يتحرك عندما تتحرك الأموال

هنا يبدأ الفرق الحقيقي

في هذا الجزء لن نضيف معلومات جديدة ولكن سنكشف ما يُحرّك السوق فعليًا

ستتعلم أن:

- السيولة لا تدخل دفعة واحدة
- المال ينتقل بين القطاعات
- الحركة تبدأ بهدوء ثم تتسارع

وسترى أن:

السوق لا يقوده المنطق وحده بل يقوده السلوك...

- الخوف
- الطمع
- الاندفاع

هذه ليست مشاعر فقط بل هي قوى تحرك السعر

ستفهم لماذا:

- تدخل متأخرًا
- تخرج مبكرًا
- ترى الفرصة بعد أن تنتهي

السبب ليس في السوق بل في طريقة تفاعلك معه

هذا الجزء يربط بين: ما يحدث في السوق وما يحدث داخلك

- إذا فهمت السيولة ستفهم التوقيت
- إذا فهمت السلوك ستفهم قراراتك

قبل أن تكمل اسأل نفسك:

هل أنت ترى الحركة أم ترى ما يصنعها؟

هنا يبدأ التحول الحقيقي

أهم 3 أسئلة:

- من يدخل الآن؟ أفراد أم مؤسسات؟
- هل الحركة مدعومة بحجم تداول؟
- هل القطاع يتحرك قبل الأخبار؟

أكثر خطأ شائع:

ملاحقة الحركة بعد اكتمالها.

مؤشر تحذير مبكر:

ارتفاعات سريعة دون دخول مؤسسي واضح.

قبل الأرقام

في كثير من المراحل تتحرك الأسعار قبل أن تتغير النتائج.

ليس لأن السوق يتجاهل الأساسيات بل لأن السيولة تسبق الأرقام.

المال يدخل أولًا ثم تتغير التقييمات ثم تأتي الأخبار لتبرر.

لفهم السوق المصري يجب أن تراقب حركة السيولة كما تراقب البيانات المالية.

الفصل التاسع

ديناميكية السيولة الذكية

تتبع انتقال الأموال بين القطاعات

السيولة لا تبقى ثابتة ولكنها تتحرك في دورات.

في السوق المصري غالبًا ما تبدأ الدورة هكذا:

- تدخل السيولة إلى القياديات
- ثم تنتقل إلى المتوسطة
- ثم تصل إلى الصغيرة
- ثم يبدأ جني الأرباح

هذه ليست قاعدة جامدة لكنها نمط متكرر.

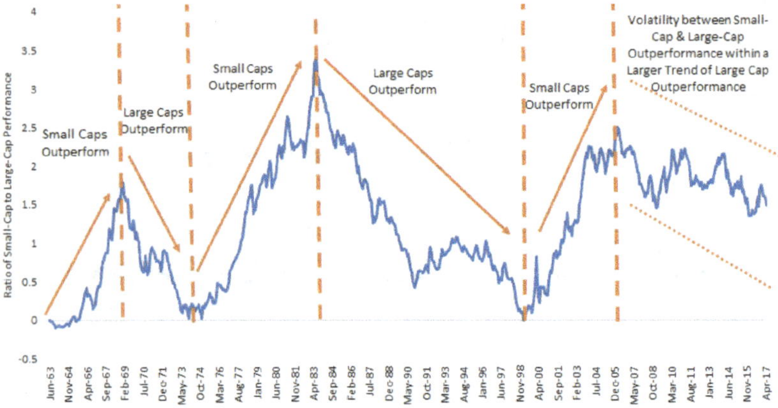

Sources: WisdomTree, Kenneth French Data Library, with data from 6/30/1963 to 5/31/2017. Past performance is not indicative of future results. Small Caps refer to those publicly listed U.S. stocks within the smallest 20% of total market capitalization. Large Caps refer to those publicly listed U.S. stocks within the largest 20% of total market capitalization. Past performance is not indicative of future results.

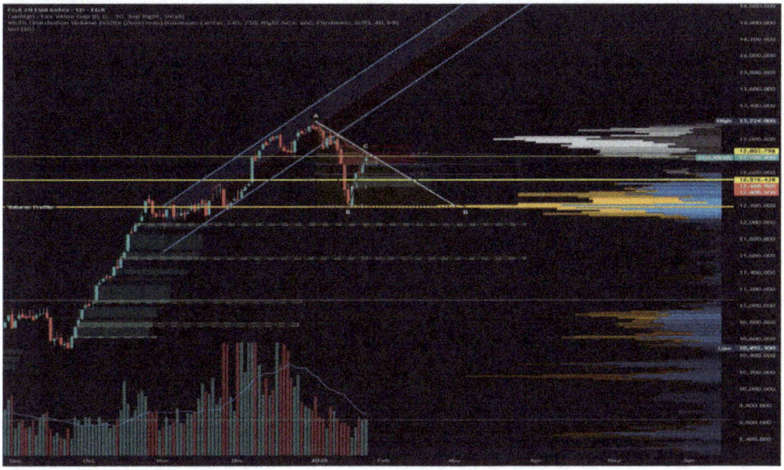

أولًا: مفهوم Rotation

Rotation يعني انتقال السيولة من قطاع إلى آخر وفق المرحلة الاقتصادية.

مثال:

- في مرحلة استقرار العملة

قد تتحرك السيولة إلى البنوك.

- في موجة تضخم

قد تنتقل إلى السلع الأساسية.

- في فترات تفاؤل مضاربي

قد تذهب إلى الأسهم الصغيرة.

القطاع القوي لا يبقى قويًا دائمًا والضعيف قد يصبح هدفًا لاحقًا.

ثانيًا: كيف تكتشف بداية انتقال السيولة؟

راقب:

- زيادة حجم التداول غير المعتادة
- تحرك قطاع قبل بقية السوق
- تراجع قطاع قيادي مع صعود قطاع آخر

السيولة غالبًا لا تعلن نيتها لكن آثارها واضحة.

ثالثًا: السيولة الذكية مقابل السيولة المتأخرة

السيولة الذكية تدخل مبكرًا بهدوء وبحجم متدرج.

السيولة المتأخرة تدخل بعد الحركة بدافع الطمع أو الخوف.

الفارق بينهما هو الفارق بين من يصنع الموجة ومن يلاحقها.

رابعًا: أثر الأحداث الجيوسياسية

في سوق ناشئ الأحداث الإقليمية والعالمية تؤثر على تدفقات الأموال.

فأي توتر إقليمي قد يدفع المستثمر الأجنبي إلى تقليل انكشافه.

ارتفاع شهية المخاطرة عالميًا قد يعيد التدفقات.

السيولة لا تتحرك بمعزل عن العالم.

قاعدة تحليلية

لا تسأل فقط هل السهم جيد؟

اسأل

هل القطاع في مرحلة جذب سيولة؟

إذا تحرك السهم ضد اتجاه السيولة العامة فالحركة غالبًا مؤقتة.

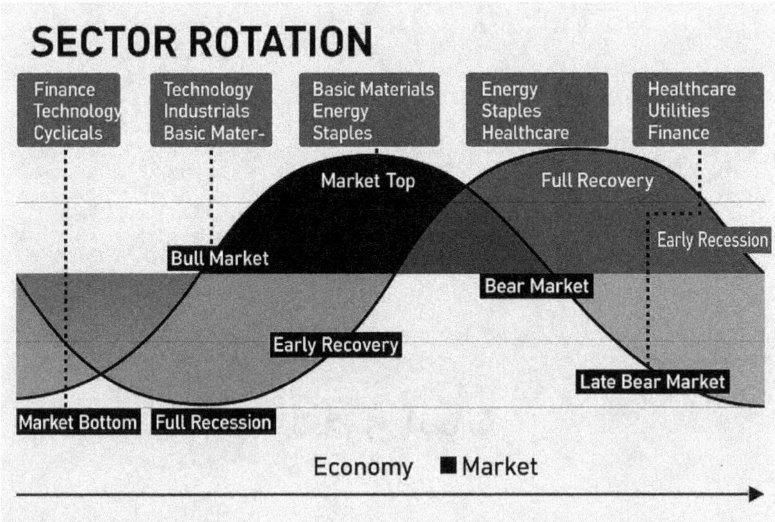

خلاصة الفصل

السيولة هي الوقود والأساسيات هي المحرك.

بدون وقود لا تتحرك السيارة مهما كان المحرك قويًا.

الفصل العاشر

النفسية الجماعية وفخاخ السوق

لماذا نكرر الأخطاء نفسها؟

السوق المصري يغلب عليه المستثمر الفرد وهذا يمنح العامل النفسي وزنًا أكبر.

عندما ترتفع الأسعار بسرعة ينتشر الإحساس بأن الفرصة ستضيع.

عندما تهبط ينتشر الذعر.

التحليل العقلاني يتراجع أمام العاطفة الجماعية.

أولًا: الشائعات

في بيئة معلومات غير كاملة تنتشر الأخبار غير المؤكدة بسرعة.

الشائعة القوية قد تحرك السهم حتى لو لم يكن لها أساس.

السؤال ليس هل الشائعة صحيحة؟

السؤال هل هناك سيولة مستعدة لتصديقها؟

ثانيًا: فخ متوسط التكلفة

عندما يهبط السهم يميل المستثمر إلى الشراء لتقليل متوسط السعر.

أحيانًا يكون القرار منطقياً لكن غالبًا يكون دفاعًا نفسيًا.

متوسط التكلفة لا يصلح إذا كان الخطأ في التحليل الأساسي.

تخفيض المتوسط لا يعالج خطأ التقدير.

ثالثًا: الانتقام من السوق

بعد خسارة حادة...

- يرتفع الميل للمخاطرة.
- يزداد حجم الصفقة.

- يقل الانضباط.
- يتحول القرار إلى رغبة في التعويض.

السوق لا يعرف أنك خسرت ولا يعيد المال بدافع الشفقة.

الانضباط هو خط الدفاع الوحيد.

رابعًا: موجات الذعر الجماعي

عند حدث مفاجئ تتسع الفجوة بين العرض والطلب.

البيع يتحول إلى عدوى والسيولة تختفي.

هنا يظهر الفرق بين:

- من يملك خطة مسبقة
- ومن يتخذ القرار تحت الضغط

السوق يكافئ التحضير لا رد الفعل.

قاعدة تحليلية

قبل أي قرار اسأل نفسك:

هل أتحرك وفق خطة أم وفق شعور لحظي؟

إذا كان القرار رد فعل فهو غالبًا غير محسوب.

خلاصة الجزء الثالث

- الاقتصاد يحدد الاتجاه العام.
- السيولة تحدد التوقيت.
- النفسية تحدد الحدة.

من يفهم الثلاثة معًا يرى السوق بوضوح أكبر.

نتتقل الآن إلى الجزء الرابع

التحليل المالي في بيئة غير مستقرة

حيث نعيد قراءة القوائم المالية بعيون مختلفة عن القراءة التقليدية.

الجزء الرابع

ديناميكيات القطاعات في الاقتصاد المصري

عندما يحدد الاقتصاد الفائزين قبل السوق

الاقتصاد لا يؤثر على كل القطاعات بالتساوي فبعضها يستفيد من نفس الحدث الذي يضر غيره.

- ضعف العملة قد يكون أزمة لشركة وفرصة لأخرى.
- رفع الفائدة قد يضغط على قطاع ويحسن ربحية قطاع آخر.

فهم القطاعات يختصر نصف القرار.

الفصل الثالث عشر

القطاعات المستفيدة من انخفاض العملة

من يحوّل ضعف الجنيه إلى قوة أرباح؟

عندما يتراجع الجنيه يحدث أمران:

- ترتفع تكلفة الاستيراد
- ترتفع قيمة الإيرادات الدولارية عند تحويلها

هنا تبدأ المفاضلة بين القطاعات.

أولًا: الشركات التصديرية

القطاعات المرتبطة بالأسواق الخارجية تستفيد عادةً من انخفاض العملة

مثل:

- الأسمدة
- البتروكيماويات
- بعض الصناعات الغذائية الموجهة للتصدير

الإيراد بالدولار والتكلفة جزء كبير منها بالجنيه والهامش يتحسن لكن

يجب الانتباه:

هل لدى الشركة ديون دولارية؟

هل مدخلاتها مستوردة؟

الفائدة لا تكون مطلقة.

ثانيًا: الشركات ذات الأصول الدولارية

الشركات التي تمتلك:

- أصولًا مقومة بالدولار
- استثمارات خارجية

- تدفقات نقدية أجنبية

قد يظهر في قوائمها أرباح فروق عملة.

لكن السؤال: هل هذه الأرباح تشغيلية أم دفترية؟

لا تخلط بين الاثنين.

ثالثًا: القطاعات التي تتضرر

في المقابل تتضرر قطاعات تعتمد على:

- استيراد خامات
- سلع وسيطة
- معدات رأسمالية

إذا لم تستطع تمرير التكلفة للمستهلك تنضغط الهوامش.

الربح الاسمي قد يرتفع لكن التدفق النقدي يضعف.

رابعًا: السوق يستبق العملة

غالبًا تتحرك الأسهم التصديرية قبل الإعلان الرسمي عن التعويم.

السوق يقرأ التوقعات ولا ينتظر القرار.

هنا تظهر أهمية مراقبة العملة كإشارة مبكرة.

خامسًا: كيف تختار داخل القطاع نفسه؟

ليس كل شركة تصديرية رابحة.

اسأل:

- ما نسبة الصادرات الفعلية؟

- ما هيكل التكلفة؟
- ما نسبة الدين الأجنبي؟
- هل لديها قدرة تسعير؟

القطاع يعطي اتجاهًا لكن الشركة تحدد النتيجة.

قاعدة تحليلية

عند توقع ضعف عملة:

1) راقب الشركات ذات الإيرادات الدولارية

2) افحص ميزانيتها

3) انتظر تأكيدًا في السيولة

لا تشتري لمجرد أن القطاع "منطقي".

خلاصة الفصل

انخفاض العملة يعيد ترتيب الفائزين والخاسرين.

من يفهم العلاقة بين: العملة والتكلفة والإيراد

يستطيع قراءة القطاع قبل أن يقرأ السهم.

الفصل الرابع عشر

القطاعات الدفاعية

من يصمد عندما يتباطأ الجميع؟

عندما ترتفع المخاطر ويزداد التضخم وتتباطأ القوة الشرائية لا تتأثر كل القطاعات بالدرجة نفسها.

بعض الأنشطة ترتبط بالرفاهية وأخرى ترتبط بالحاجة.

القطاعات الدفاعية هي التي يستمر الطلب عليها حتى في أصعب المراحل.

أولًا: قطاع الأغذية

الطلب على الغذاء لا يتوقف لكن سلوك المستهلك يتغير.

في بيئة تضخم:

- يتحول الطلب إلى المنتجات الأساسية
- تقل الهوامش في السلع غير الضرورية
- تظهر أهمية قدرة الشركة على تمرير التكلفة

الشركات التي تمتلك:

- علامات تجارية قوية
- شبكة توزيع واسعة
- تنوعًا في المنتجات

تتكيف أسرع.

ثانيًا: قطاع الأدوية

الدواء ليس سلعة اختيارية لكن القطاع يخضع أحيانًا لتنظيم سعري.

هنا يجب التمييز بين:

- شركات قادرة على تصدير جزء من إنتاجها

- شركات تعتمد بالكامل على السوق المحلي

التحوط الجزئي بالدولار يعطي مرونة أكبر.

ثالثًا: الخدمات الأساسية

مثل:

- المرافق
- بعض الخدمات التعليمية
- بعض الأنشطة الطبية

الطلب مستقر نسبيًا لكن الربحية تعتمد على هيكل التكلفة والدين.

رابعًا: لماذا لا ترتفع هذه القطاعات بسرعة؟

لأن المستثمر يبحث في البداية عن النمو وليس الاستقرار.

القطاعات الدفاعية:

- تتحرك ببطء
- تقل فيها المضاربة
- تجذب السيولة في فترات القلق

هي ملاذ نسبي لا أداة مضاربة.

خامسًا: متى تتحول إلى خيار استراتيجي؟

عندما:

- ترتفع الفائدة
- تتراجع شهية المخاطرة

- تظهر ضغوط على العملة

هنا تنتقل السيولة من النمو إلى الأمان.

خطأ شائع

اعتبار القطاع الدفاعي مضمون الربحية حتى هذه القطاعات قد تتعرض لضغط:

- إذا ارتفعت التكلفة بشدة
- إذا زادت المنافسة
- إذا تدخلت سياسات تسعير صارمة

الدفاعي لا يعني بلا مخاطرة يعني أقل حساسية للدورة.

قاعدة تحليلية

في مرحلة ضبابية

اسأل:

هل أحتاج إلى تعظيم العائد أم حماية رأس المال؟

الإجابة تحدد الوزن النسبي للقطاعات الدفاعية في محفظتك.

خلاصة الفصل

القطاعات الدفاعية لا تقود الصعود لكنها تقلل أثر الهبوط.

وفي بعض المراحل تقليل الخسارة أهم من مطاردة الربح.

ننتقل الآن إلى فصل محوري في السوق المصري:

قطاع البنوك

وكيف يتحرك مع دورة الفائدة.

الفصل الخامس عشر

قطاع البنوك

القطاع الأكثر ارتباطا بالفائدة

في السوق المصري لا يمكن فهم المؤشر دون فهم البنوك.

البنوك تمثل وزنًا كبيرًا في المؤشرات وتحركاتها كثيرًا ما تحدد اتجاه السوق.

لكن قوة البنوك لا تأتي من المضاربة بل من علاقتها المباشرة بدورة الفائدة.

أولًا: كيف تربح البنوك فعليًا؟

الربح الأساسي للبنك يأتي من:

- الفرق بين سعر الإقراض وسعر الإيداع
- العائد على أدوات الدين الحكومية
- العمولات والخدمات

يسمى هذا الفرق هامش الفائدة.

كلما اتسع الهامش تحسنت الربحية.

ثانيًا: علاقة البنوك برفع الفائدة

عند رفع الفائدة:

- ترتفع عوائد أذون وسندات الخزانة
- تزيد أرباح توظيف السيولة الحكومية
- قد يتحسن هامش الفائدة في البداية

لكن في المقابل:

- تقل شهية الاقتراض
- ترتفع مخاطر التعثر

- يتباطأ النشاط الاقتصادي

لذلك أثر الفائدة ليس خطًا مستقيمًا.

ثالثًا: متى تستفيد البنوك؟

في مرحلة:

- استقرار اقتصادي
- فائدة مرتفعة نسبيًا
- تحسن جودة الأصول

هنا تستفيد من توظيف السيولة وتحافظ على نمو معتدل.

رابعًا: متى تتعرض لضغط؟

- عند ارتفاع حاد في الفائدة
- عند تراجع النشاط الاقتصادي
- عند ارتفاع نسبة القروض المتعثرة

السوق يقرأ جودة الأصول قبل قراءة الأرباح.

خامسًا: البنوك كمؤشر ثقة

عندما يتحرك قطاع البنوك صعودًا فغالبًا ما يعكس:

- ثقة في استقرار العملة
- تحسن في السيولة
- توقعات إيجابية للاقتصاد

عندما يضعف فهو إشارة مبكرة على قلق كلي.

سادسًا: كيف تحلل بنكًا بطريقة صحيحة؟

لا تنظر فقط إلى صافي الربح فقط راقب:

- هامش الفائدة
- نسبة القروض إلى الودائع
- نسبة القروض المتعثرة
- كفاية رأس المال

البنوك تختلف عن الشركات الصناعية ولكن تحليلها يحتاج عدسة خاصة.

خطأ شائع

الاعتقاد أن ارتفاع الفائدة دائمًا إيجابي للبنوك.

الحقيقة:

الرفع المفرط قد يضغط على جودة القروض ويقلل النشاط الاقتصادي.

التوازن هو العامل الحاسم.

قاعدة تحليلية

إذا أردت قراءة المرحلة الاقتصادية راقب البنوك.

تحركها لا يكون عشوائيًا بل مرتبط بدورة الفائدة والثقة.

خلاصة الفصل

قطاع البنوك مرآة للاقتصاد.

قوته تعكس استقرارًا وضعفه يعكس ضغطًا.

ومن يفهم دورة الفائدة يفهم توقيت التحرك داخله.

كيف تحلل بنكًا فعلياً؟

ركز على 5 مؤشرات:

1) هامش صافي الفائدة NIM

كل 1% زيادة في العائد على أذون الخزانة

قد ترفع الربحية بنسبة ملحوظة إذا لم ترتفع تكلفة الودائع بنفس السرعة.

2) نسبة القروض المتعثرة NPL

أكثر من 5% يبدأ القلق.

3) نسبة القروض إلى الودائع LDR

أقل من 80% يعني سيولة مرتفعة وأعلى من 90% يعني ضغط.

4) كفاية رأس المال CAR

كلما ارتفعت كان البنك أكثر قدرة على امتصاص الصدمات.

5) نسبة التوظيف في أدوات الدين الحكومي في مصر عنصر حاسم.

البنك في مصر ليس بنك إقراض فقط بل هو مستثمر رئيسي في الدين الحكومي.

الفصل السادس عشر

القطاعات المرتبطة بالإنفاق الحكومي

عندما تصبح الموازنة العامة محركا للأرباح

في الاقتصاد المصري تلعب الدولة دورًا اقتصاديًا مباشرًا.

لذلك الإنفاق الحكومي ليس مجرد رقم في الموازنة بل إشارة استثمارية.

بعض القطاعات ترتبط بنشاط الدولة بشكل وثيق وعندما تتغير أولويات الإنفاق تتغير ربحيتها.

أولًا: قطاع المقاولات والبنية التحتية

عند توسع الدولة في:

- مشروعات طرق
- مدن جديدة
- مرافق عامة

تحسن فرص شركات المقاولات ومواد البناء لكن يجب الانتباه:

- هل التمويل مستدام؟
- هل تعتمد الشركة على مشروعات حكومية فقط؟
- ما دورة تحصيل المستحقات؟

الاعتماد المفرط على جهة واحدة يزيد المخاطر.

ثانيًا: قطاع مواد البناء

الطلب يرتبط مباشرة بحجم المشروعات.

في فترات التوسع الإنشائي:

- يرتفع الطلب
- تتحسن الطاقة الإنتاجية

- ترتفع الأسعار

لكن عند تباطؤ الإنفاق يظهر فائض طاقة وتنضغط الهوامش.

هذا قطاع دوري بامتياز.

ثالثًا: القطاعات المرتبطة بالدعم والسياسات السعرية

بعض الأنشطة تستفيد من:

- دعم مباشر
- تسعير تفضيلي
- حوافز ضريبية

لكن هذه المزايا ليست دائمة فتغير السياسة قد يعيد تقييم القطاع بالكامل.

رابعًا: كيف تقرأ الموازنة كأداة استثمار؟

لا تنظر إلى الرقم الإجمالي فقط.

اسأل:

- ما نسبة الإنفاق الاستثماري؟
- هل هناك تحولات في الأولويات؟
- هل التمويل داخلي أم خارجي؟

الموازنة تعكس الاتجاه لا النتائج الفورية.

خامسًا: الاستحواذات والاستثمارات السيادية

عندما تدخل كيانات إقليمية أو سيادية إلى قطاع معين قد تعيد تسعيره.

لكن يجب التفريق بين:

- استثمار استراتيجي طويل الأجل
- صفقة مالية مؤقتة

السوق أحيانًا يبالغ في رد الفعل.

خطأ شائع

الرهان على قطاع لمجرد إعلان مشروع ضخم.

الإعلان لا يعني:

- سرعة التنفيذ
- انتظام التدفقات
- ضمان الربحية

التحليل يجب أن يبقى ماليًا لا عاطفيًا.

قاعدة تحليلية

عندما تعلن الدولة أولوية جديدة

لا تسأل: أي سهم سيرتفع؟

اسأل:

هل هذا الاتجاه مستدام؟

ومن يمتلك ميزانية قادرة على الاستفادة منه؟

خلاصة الفصل

الإنفاق الحكومي قد يكون محفزًا قويًا لكنه ليس ضمانًا.

السوق يعيد التسعير سريعًا والتحليل الهادئ هو ما يميز القرار الرشيد.

الجزء الرابع

التحليل المالي في بيئة غير مستقرة

الأرقام لا تكذب لكنها قد تضلل فقد ترى:

- نمو أرباح
- تحسن نتائج
- أرقام تبدو قوية

فتبني قرارك ثم يتغير كل شيء

السوق لا يتحرك كما توقعت والشركة التي بدت قوية تصبح تحت ضغط

المشكلة ليست في الأرقام بل في البيئة

في بيئة مستقرة.... التحليل المالي واضح

- النمو يعكس تحسناً
- الأرباح تعني قوة
- التقييم له معنى ثابت

لكن في بيئة غير مستقرة كل شيء يتغير

- التضخم يضخم الأرقام
- العملة تغيّر قيمتها
- الفائدة تعيد تسعيرها

فتصبح الأرقام:

- أكبر مما تبدو
- أو أضعف مما تعتقد

هنا يقع الخطأ

تحليل ثابت في بيئة متغيرة

تستخدم نفس الأدوات بنفس الطريقة وتتوقع نفس النتائج لكن السوق لا يعمل بهذه الطريقة

في هذا الجزء لن نعيد شرح القوائم المالية بل سنفعل شيئًا مختلفًا

سنعيد قراءة الأرقام داخل سياقها الحقيقي

ستتعلم أن:

- ليس كل نمو حقيقي
- ليس كل ربح مستدام
- ليس كل تقييم عادل

وستفهم كيف:

- تفرق بين الربح الاسمي والحقيقي
- ترى أثر العملة داخل النتائج
- تقرأ الأرقام مع الفائدة والتضخم

هذا الجزء لا يضيف أدوات جديدة بل يغير طريقة استخدامك لها قبل أن تكمل....

اسأل نفسك:

هل تحلل الأرقام كما هيأم كما تتأثر بالبيئة؟

هنا يبدأ الفهم الحقيقي

أهم 3 أسئلة:

- هل الأرباح نقدية أم محاسبية؟
- ما حساسية الشركة للعملة؟
- هل الدين قابل للإدارة؟

أكثر خطأ شائع: الاعتماد على مضاعف ربحية منخفض فقط.

مؤشر تحذير مبكر: نمو أرباح دون تحسن في التدفقات النقدية.

قراءة الأرقام تحت ضغط الواقع

القوائم المالية تبدو واضحة....

- أرقام.
- نسب.
- هوامش ربح.

لكن في اقتصاد متقلب ليست كل الأرقام متساوية في القيمة.

في السوق المصري يجب أن تسأل قبل أن تحلل:

هل تعكس هذه الأرقام واقعًا مستدامًا أم أثر مرحلة مؤقتة؟

الفصل الثاني عشر

قراءة القوائم المالية تحت ضغط التضخم

لماذا لا تكفي الأرباح؟

أول خطأ يقع فيه المستثمر هو التركيز على صافي الربح.

الربح رقم جذاب لكنه أحيانًا مضلل.

في بيئة تضخمية قد ترتفع الأرباح بينما تتآكل القوة الشرائية.

أولًا: التدفقات النقدية أهم من الربح

الربح محاسبي أما النقد حقيقي.

شركة تحقق أرباحًا مرتفعة لكن تدفقها النقدي ضعيف وقد تواجه أزمة سيولة.

راقب:

- التدفق النقدي التشغيلي
- قدرة الشركة على تمويل استثماراتها
- اعتمادها على الاقتراض

النقد هو الاختبار الحقيقي.

ثانيًا: فروق العملة

الشركات ذات المديونية الدولارية قد تحقق خسائر فجائية مع أي تحرك حاد في سعر الصرف.

اقرأ:

- نسبة الديون بالعملة الأجنبية
- قدرة الشركة على التحوط
- حجم الإيرادات الدولارية

لا تنظر إلى رقم الدين فقط ولكن انظر إلى تركيبته.

ثالثًا: المخزون في بيئة تضخمية

المخزون قد يصبح ميزة مؤقتة أو عبئًا ثقيلًا.

إذا اشترت الشركة مخزونًا بسعر منخفض ثم ارتفعت الأسعار قد تظهر أرباح قوية.

لكن عند إعادة تكوين المخزون قد تتراجع الهوامش.

اسأل دائمًا:

هل الأرباح ناتجة عن نشاط أم عن فروق أسعار مؤقتة؟

رابعًا: هيكل الديون

في دورة فائدة مرتفعة تتضاعف تكلفة خدمة الدين.

شركة ذات هامش ربح ضعيف ومديونية مرتفعة قد تتعرض لضغط شديد.

نسبة الدين إلى حقوق الملكية لا تكفي وحدها.

راقب أيضًا:

- قدرة السداد
- جدول الاستحقاقات
- طبيعة الفائدة ثابتة أم متغيرة

قاعدة تحليلية

اقرأ القوائم كما لو أنك تمول الشركة من مالك الخاص.

هل تثق في قدرتها على:

- توليد نقد مستمر؟
- تحمل صدمة عملة؟
- عبور دورة فائدة مرتفعة؟

إذا كانت الإجابة غير واضحة فالخطر غير محسوب.

الفصل الثالث عشر

التقييم وفخ القيمة

لماذا تظل الأسهم الرخيصة رخيصة؟

ليس كل سهم منخفض السعر فرصة فأحيانًا يكون رخيصًا لأن السوق يرى خطرًا لا تراه.

أولًا: مضاعف الربحية وحده لا يكفي

سهم بمضاعف ربحية منخفض قد يبدو جذابًا.

لكن اسأل:

- هل الأرباح مستدامة؟
- هل هناك خطر عملة؟
- هل القطاع في انكماش؟

المضاعف المنخفض قد يعكس توقعات سلبية حقيقية.

ثانيًا: فخ القيمة Value Trap

فخ القيمة يحدث عندما:

- يبدو السهم رخيصًا
- لكن نشاط الشركة يتدهور تدريجيًا

المستثمر يشتري بدافع "الرخص" ثم ينتظر تعافيًا لا يأتي.

الرخص دون محفز قد يتحول إلى تجميد لرأس المال.

ثالثًا: متى تكون القيمة حقيقية؟

عندما يجتمع:

- تقييم منخفض
- تدفقات نقدية قوية

- ميزانية متوازنة
- محفز واضح للتحسن

غياب أي عنصر يزيد المخاطرة.

رابعًا: السوق غير المستقر يعاقب الخطأ أكثر

في بيئة مستقرة قد يمنح السوق وقتًا للتصحيح.

في بيئة متقلبة يعاقب التقييم الخاطئ بسرعة.

إدارة المخاطر جزء من التقييم.

الفصل الرابع عشر

الاستدامة ومعايير ESG

بين الواقع والطموح

الاستثمار المستدام أصبح معيارًا عالميًا.

في السوق المصري لا يزال في مرحلة التطور.

أولًا: لماذا يهم ESG؟

المؤسسات الأجنبية تولي أهمية متزايدة:

- للحوكمة
- للشفافية
- للممارسات البيئية

الشركات التي تلتزم بمعايير أفضل قد تجذب سيولة طويلة الأجل.

ثانيًا: الواقع المحلي

ليست كل الشركات تملك نفس مستوى الإفصاح لذلك يجب تقييم الالتزام بواقعية لا مثالية.

ثالثًا: ESG كعامل إضافي لا أساسي

في السوق المصري لا يزال العامل المالي التقليدي هو الأهم.

لكن تجاهل الحوكمة قد يكون مكلفًا.

خلاصة الجزء الرابع

الأرقام لا تُقرأ منفصلة عن السياق والتقييم لا يُبنى على مضاعف واحد.

التحليل المالي في مصر يتطلب قراءة:

- الاقتصاد
- العملة

- الفائدة
- السيولة

نتتقل الآن إلى الجزء الخامس

قراءة حركة السعر والذكاء الاصطناعي

حيث نربط بين التحليل الأساسي وسلوك السوق الفعلي على الشاشة.

الجزء الخامس

قراءة حركة السعر والذكاء الاصطناعي

السعر هو ما تراه لكنه ليس ما يحدث فأنت ترى:

- شموع تتحرك
- مستويات تُكسر
- اتجاهات تتشكل

فتحاول أن تفسر

لكن السؤال الحقيقي

هل تقرأ الحركة أم تلاحقها؟

السعر لا يتحرك عشوائيًا ولا يتحرك دائمًا بمنطق بسيط

خلف كل حركة

- سيولة
- أوامر
- نماذج سلوكية

وهنا يظهر التحدي

أنت لا تتعامل فقط مع بشر بل مع أنظمة

الأسواق اليوم تحتوي على خوارزميات

تقرأ... تتوقع.... وتنفذ

الذكاء الاصطناعي لم يعد فكرة مستقبلية بل أصبح جزء من السوق الآن

وهذا يغير طريقة الحركة

- السرعة أعلى

- الاستجابة أسرع
- النماذج تتكرر بشكل أدق

إذا قرأت السعر بنفس الطريقة القديمة ستتأخر

في هذا الجزء لن نتحدث عن مؤشرات معقدة بل سنفعل شيئًا أدق

سنتعلم كيف:

- نقرأ حركة السعر كترجمة للسيولة
- نميز بين حركة حقيقية وأخرى مضللة
- نفهم أين تدخل الأنظمة وأين تخرج

وسنرى كيف:

- يؤثر الذكاء الاصطناعي على التوقيت
- يعيد تشكيل الأنماط
- يغير سلوك السوق

الهدف ليس أن تتنبأ بكل حركة ولكن الهدف أن ترى ما يحدث قبل أن يصبح واضحًا للجميع

قبل أن تكمل اسأل نفسك:

هل ترى الشمعة أم ترى من صنعها؟

هنا تبدأ قراءة السعر بشكل مختلف

أهم 3 أسئلة:

- ما الاتجاه العام؟

- هل الحجم يؤكد الحركة؟
- هل الاختراق حقيقي أم فخ؟

أكثر خطأ شائع: الدخول بسبب شكل شمعة فقط.

مؤشر تحذير مبكر: اختراق مستوى مهم دون زيادة في السيولة.

عندما تترجم السيولة نفسها على الرسم البياني

بعد فهم:

- الاقتصاد
- العملة
- السيولة
- القوائم المالية

نصل إلى الشاشة.

الرسم البياني لا يتنبأ ولكنه يسجل أثر ما سبق.

- إذا قرأته دون سياق يصبح شكلًا بلا معنى.
- إذا قرأته داخل الإطار الكلي يصبح أداة توقيت دقيقة.

الفصل الخامس عشر

الشموع اليابانية "بنكهة مصرية"

الفجوات والمصائد السعرية

2.00
1.80
1.60
1.40
1.20
1.00
0.80
0.60
0.40
0.20

Up gap
Down gap
Down gap

الشمعة تمثل:

- سعر الافتتاح
- أعلى سعر
- أدنى سعر
- الإغلاق

لكن في السوق المصري يجب أن تضيف عنصرين:

- ضعف عمق السوق أحيانًا
- تحركات آخر الجلسة

أولًا: الفجوات السعرية Gaps

الفجوة تحدث عندما يفتح السهم أعلى أو أدنى من إغلاقه السابق.

في الأسواق العميقة قد تعكس خبرًا جوهريًا.

في السوق المصري أحيانًا تعكس:

- طلبًا مفاجئًا محدود الحجم
- مضاربة قصيرة
- إعادة تسعير بعد إيقاف تداول

لا تتعامل مع كل فجوة كإشارة استمرار.

اسأل:

هل صاحبها حجم تداول قوي؟

هل جاءت بعد مرحلة تجميع؟

ثانيًا: المصائد السعرية

Bear Trap و Bull Trap

تحدث عندما يخترق السعر مستوى مهمًا ثم يعود سريعًا.

في سوق منخفض السيولة نسبيًا الاختراقات الكاذبة أكثر تكرارًا.

الخطأ الشائع هو الدخول فور الاختراق دون انتظار تأكيد بالحجم.

ثالثًا: الشموع لا تعمل وحدها

الشمعة شكل وليست قرار

لا تقرأ الشمعة بمعزل اقرأ ما وراءها

- شمعة ابتلاعية قوية بدون حجم تداول.... إشارة ضعيفة

لأن الحركة بلا سيولة لا تعني دخول حقيقي

- مطرقة عند دعم تاريخي مع سيولة مرتفعة...... إشارة أقوى

لأن المال دخل وليس السعر فقط

السعر يتحرك لكن السيولة هي التي تؤكد

إذا رأيت شمعة اسأل:

هل دخل المال؟ أم تحرك السعر فقط؟

قاعدة هذا الفصل

الشموع تعكس الحركة لكن السيولة تكشف الحقيقة فالشمعة قراءة سلوك ليست معادلة تنبؤ.

قاعدة تحليلية

لا تدخل بسبب شكل ولكن ادخل بسبب:

- اتجاه عام واضح
- مستوى مهم
- حجم تداول داعم
- سياق اقتصادي متماسك

Candles Do Not Work Alone

A candlestick is a shape — not a signal.
Read what's **behind the candle,** not just the candle itself.

Strong Bullish Engulfing
with Low Volume

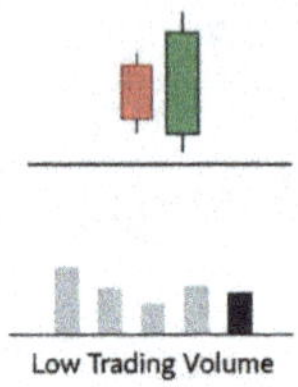

Weak Signal
Because there is no real money behind the move.

Hammer at Historical Support
with High Volume

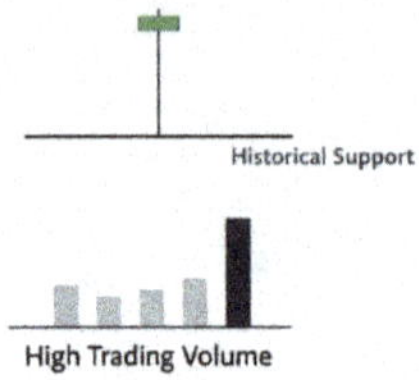

Stronger Signal
Because real money has entered at a key level.

Price moves.
But **volume confirms the truth.**

When you see a candle, ask: **Did money enter — or did price just move?**

الفصل السادس عشر

أحجام التداول

كاشف النوايا الحقيقي

الحجم هو البصمة. السعر قد يتحرك بقوة لكن بدون حجم وتظل الحركة هشة.

أولًا: الارتفاع الحقيقي

إذا صعد السهم بحجم تداول أعلى من المتوسط فهذا يعني دخول سيولة جديدة.

أما صعود بحجم ضعيف فقد يكون مجرد فراغ عرض.

ثانيًا: التصريف الصامت

أحيانًا يتحرك السهم عرضيًا بينما يرتفع الحجم تدريجيًا وهذا قد يعني:

- خروج سيولة كبيرة بهدوء
- توزيع قبل هبوط

الأسعار وحدها لا تكشف ذلك فالحجم يكشفه.

ثالثًا: الذعر الجماعي

عند الهبوط الحاد إذا تضاعف الحجم فهذا بيع إجباري لكن أحيانًا يصل الحجم إلى ذروة ثم يتباطأ الهبوط.

هذه إشارة أن البائعين استنفدوا طاقتهم.

قاعدة تحليلية:

راقب العلاقة بين: السعر والحجم لا أحدهما منفصلًا.

الفصل السابع عشر

التحليل الآلي والذكاء الاصطناعي

بين الإمكانات والقيود

الذكاء الاصطناعي يعتمد على البيانات... في الأسواق العميقة البيانات وفيرة ومنظمة.

في السوق المصري هناك تحديات:

- عمق محدود
- فجوات سعرية
- تغيرات تنظيمية مفاجئة
- بيانات تاريخية أقل استقرارًا

أولًا: متى يفيد التحليل الآلي؟

- في تتبع أنماط متكررة
- في قياس الزخم
- في إدارة المخاطر الآلية

ثانيًا: متى يكون مضللًا؟

إذا تجاهل:

- تغير السياسة النقدية
- تحرك العملة
- قرارًا سياديًا مفاجئًا

الخوارزمية لا تفهم السياق السياسي.

ثالثًا: الاستخدام الذكي

اجعل الذكاء الاصطناعي مساعدًا لا بديلًا

القرار النهائي يظل قرارًا بشريًا مبنيًا على فهم المرحلة.

خلاصة الجزء الخامس

- الرسم البياني أداة توقيت.
- الحجم أداة تأكيد.
- الخوارزمية أداة مساعدة.

لكن الإطار الكلي يبقى هو الأساس.

ننتقل الآن إلى الجزء السادس

إدارة المخاطر والمحفظة الشاملة حيث يتحول التحليل إلى انضباط عملي.

الجزء السادس

إدارة المخاطر والمحفظة الشاملة

ليست المشكلة في الدخول ولكن المشكلة في البقاء

يمكنك أن تختار سهمًا جيدًا وتدخل في وقت مناسب ثم تخسر

ليس لأن التحليل كان خاطئًا بل لأن المخاطر لم تُدار

السوق لا يعاقب الخطأ فقط ولكنه يعاقب الإهمال

في الأجزاء السابقة تعلمت كيف تفهم السوق

في هذا الجزء ستتعلم كيف تبقى فيه

إدارة المخاطر ليست حماية من الخسارة بل إدارة لها

الخسارة جزء من اللعبة لكن حجمها ليس كذلك

المحفظة ليست مجموعة أسهم بل هي نظام فكل قرار فيها يؤثر على الآخر

- حجم الصفقة
- توزيع القطاعات
- مستوى السيولة
- توقيت الدخول والخروج

هذه ليست تفاصيل بل ما يحدد النتيجة

خطأ شائع: التركيز على الربح وتجاهل المخاطرة

لكن الحقيقة إذا لم تُدِر المخاطر لن تستمر لتحقيق الربح

في هذا الجزء ستتعلم كيف:

- تحدد حجم كل صفقة
- توزع رأس المال بوعي

- تتعامل مع الخسارة بدون انهيار
- تحافظ على الاستمرارية

الهدف ليس أن تربح صفقة ولكن الهدف أن تبقى بعد مئة صفقة

قبل أن تكمل اسأل نفسك:

هل تدير صفقاتكأم تدير محفظتك؟

الفرق بينهما هو الفرق بين الاستمرار... والتوقف

أهم 3 أسئلة:

- ما نسبة المخاطرة في الصفقة؟
- هل التوزيع متوازن؟
- هل العائد محسوب حقيقياً؟

أكثر خطأ شائع: زيادة حجم الصفقة بعد خسارة.

مؤشر تحذير مبكر: تضخم المراكز دون خطة خروج واضحة.

حيث يتحول الفهم إلى انضباط

التحليل وحده لا يحميك بل الإدارة هي ما يحميك.

يمكنك أن تصيب في الاتجاه وتخسر بسبب سوء إدارة رأس المال.

في سوق متقلب إدارة المخاطر ليست خيارًا بل شرط بقاء.

مثال محفظة حقيقية عبر دورة كاملة: محفظة افتراضية 1,000,000 جنيه:

بداية 2016 قبل التعويم

- 30% بنوك

- 25% أسمدة
- 20% ذهب
- 15% سيولة
- 10% عقارات

بعد التعويم 2016–2017

تحول تدريجي إلى:

- 40% أسمدة وتصدير
- 30% بنوك
- 15% صناعات مرتبطة بالدولار
- 10% ذهب
- 5% سيولة

في دورة رفع الفائدة 2022

خفض التعرض إلى:

- 25% بنوك
- 20% قطاعات دفاعية
- 25% ذهب
- 30% سيولة

الفكرة ليست الأرقام نفسها بل تغيير التوزيع مع المرحلة.

الفصل الثامن عشر

إدارة رأس المال ومخاطر العملة

كيف تحافظ على القوة الشرائية لمحفظتك؟

الهدف ليس تعظيم العائد فقط ولكن الهدف حماية رأس المال أولًا.

أولًا: حجم الصفقة

قاعدة بسيطة: لا تخاطر بنسبة كبيرة من رأس مالك في صفقة واحدة.

في سوق سريع الحركة الانكشاف المفرط يعني تقلبًا نفسيًا عاليًا وقرارات متسرعة.

اسأل دائمًا:

إذا خسرت هذه الصفقة هل أستطيع الاستمرار بهدوء؟

ثانيًا: نسبة المخاطرة

حدد مسبقًا:

- نقطة الدخول
- نقطة الخروج عند الخطأ
- حجم الخسارة المقبول

ثم اضبط حجم الصفقة بناءً على هذه المسافة.

إدارة المخاطر تبدأ قبل الدخول لا بعده.

ثالثًا: مخاطر العملة

في السوق المصري رأس المال مقوم بالجنيه لكن القوة الشرائية عالمية.

لذلك يجب أن تسأل:

- ما نسبة أصولي المقومة أو المرتبطة بالدولار؟
- هل لدي تحوط غير مباشر عبر شركات تصديرية؟

إهمال العملة يعني تجاهل نصف المخاطرة.

رابعًا: السيولة جزء من الاستراتيجية

البقاء نقدًا أحيانًا قرار استثماري.

ليس كل مرحلة مناسبة للدخول الكامل.

في دورة تشديد حادة قد تكون السيولة أداة حماية.

قاعدة عملية

لا تدخل السوق بكامل رأس مالك في بيئة ضبابية فتقسيم الدخول أفضل من التورط الكامل.

متى نتوقف عن التداول؟

هناك لحظات يكون أفضل قرار فيها.... عدم اتخاذ قرار.

تتوقف عندما:

- تفقد وضوح الرؤية الاقتصادية
- تتداول بدافع تعويض خسارة
- يتراجع انضباطك
- تشعر بإجهاد نفسي مستمر

التوقف ليس هروبًا بل إعادة ضبط.

أحيانًا أكبر ربح تحققه هو خسارة لم تحدث.

الفصل العشرون

متى تخطئ حتى لو كنت على صواب؟

التحليل الصحيح لا يعني الربح.

قد تكون...

- قرأت الاقتصاد بدقة.
- حددت اتجاه الفائدة.
- فهمت أثر العملة.
- اخترت قطاعًا مناسبًا.

ومع ذلك تخسر.... لماذا؟

لأن السوق لا يكافئ الصواب النظري بل يكافئ الصواب في التوقيت والانضباط.

الدخول المبكر جدًا

قد تتوقع خفض الفائدة بعد ستة أشهر فتشتري اليوم.

السوق يهبط شهرين قبل أن يبدأ في التسعير.

تحليلك كان صحيحًا ولكن توقيتك لم يكن كذلك.

السؤال الحقيقي ليس: هل الاتجاه صحيح؟

بل: هل السوق بدأ في التحرك فعليًا؟

تجاهل المرحلة

قد يكون القطاع قويًا في دورة تيسير نقدي.

لكن إذا دخلت في مرحلة ذروة مضاربية فأنت تشتري بعد اكتمال الحركة.

الصواب في الاتجاه لا يحميك من خطأ المرحلة.

اسأل دائمًا: هل أنا في بداية الدورة أم نهايتها؟

الإفراط في الثقة

كلما زادت قناعتك.... زادت خطورة تجاهلك للإشارات العكسية.

ترى البيانات التي تؤكد فكرتك وتتجاهل ما يناقضها.

السوق لا يعاقب الجهل فقط ولكنه يعاقب اليقين المفرط.

عناد مع الاتجاه

قد يكون تقييم السهم منخفضًا فعلًا لكن إذا كانت السيولة تخرج والأجانب يبيعون والفائدة في صعود فالسوق لا يهتم برخصه الآن.

القيمة دون سيولة قد تبقى مجمدة طويلًا.

حجم مركز غير متناسب

قد يكون تحليلك دقيقًا لكن إذا وضعت 40% من محفظتك في فكرة واحدة فأنت لا تختبر الفكرة بل تراهن عليها.

الخطأ هنا ليس في الفكرة بل في إدارة المخاطر.

تجاهل العملة

قد تربح 30% اسميًا لكن إذا فقد الجنيه 20% والتضخم 25%

فأنت لم تربح فعليًا.

التحليل الجزئي دون حساب العائد الحقيقي خطأ رغم صحة الاتجاه السعري.

الخروج المبكر بدافع الخوف

قد يكون اتجاه السوق صاعدًا لكن تذبذبًا طبيعيًا يجعلك تبيع ثم يكمل السهم صعوده.

الخطأ هنا ليس في القراءة بل في ضعف التحمل.

الفرق بين المحلل والمتداول المحترف

المحلل يبحث عن الفكرة الصحيحة.

المحترف يسأل:

- متى أدخل؟
- كم أخصص؟
- متى أخرج إذا أخطأت؟
- ماذا أفعل إذا تأخر السوق في الاعتراف بصحتي؟

قاعدة احترافية

لا يكفي أن تكون على صواب بل يجب أن:

- تدخل في المرحلة المناسبة
- بحجم مناسب
- وتقبل أن السوق قد يتأخر

الصواب بلا إدارة قد يتحول إلى خسارة.

سؤال يجب أن تطرحه على نفسك

هل أخطأت لأن تحليلي كان خاطئًا؟ أم لأن تنفيذي كان ضعيفًا؟

الإجابة على هذا السؤال هي ما يصنع الفارق بين متداول عابر ومستثمر طويل الأمد.

الخلاصة

قد تكون على صواب في الاتجاه لكن تخسر بسبب:

- توقيت خاطئ
- حجم مبالغ فيه
- تجاهل الدورة
- انفعال نفسي

السوق لا يكافئ الفكرة ولكنه يكافئ المنظومة.

ومن يملك منظومة يتحمل التأخير ويصحح الخطأ ويستمر.

تمرين عملي

هل كان الخطأ في التحليل أم في التنفيذ؟

اختر صفقة واحدة خسرت فيها خلال آخر 12 شهراً.

أجب بصدق، دون تبرير.

الخطوة الأولى: مراجعة التحليل

- هل كان اتجاه الفائدة واضحاً وقت الدخول؟
- هل كانت العملة مستقرة أم مضغوطة؟
- هل كان القطاع في مرحلة جذب سيولة؟
- هل دعمت أحجام التداول الفكرة؟

إذا كانت أغلب الإجابات "لا" فالخطأ تحليلي.

الخطوة الثانية: مراجعة التوقيت

- هل دخلت قبل ظهور تأكيد في السعر؟
- هل اشتريت بعد موجة صعود قوية؟
- هل تجاهلت إشارة ضعف في الحجم؟

إذا كانت الإجابة "نعم" فالخطأ توقيت.

الخطوة الثالثة: مراجعة إدارة المخاطر

- هل حددت وقف خسارة قبل الدخول؟
- هل التزمت به؟
- هل تجاوزت نسبة المخاطرة المحددة؟
- هل ضاعفت المركز لتعويض الخسارة؟

إذا تكررت الإجابات الإيجابية هنا فالخطأ في الإدارة لا في الفكرة.

الخطوة الرابعة: مراجعة العامل النفسي

- هل دخلت بدافع الخوف من ضياع الفرصة؟
- هل تمسكت بالسهم بدافع العناد؟
- هل خرجت بدافع ذعر مؤقت؟

إذا كانت الإجابة "نعم" فالخطأ نفسي.

جدول تشخيص سريع

نوع الخطأ	مؤشراته	الحل
تحليلي	قراءة خاطئة للمرحلة الاقتصادية	تحسين الإطار الكلي
توقيت	دخول قبل تأكيد	انتظار إشارة سعر وسيولة
إدارة مخاطر	حجم مبالغ فيه	تثبيت نسبة مخاطرة ثابتة
نفسي	قرار انفعالي	كتابة خطة قبل الدخول

تمرين أعمق

اكتب جملة واحدة فقط تصف سبب الخسارة.

ليس ما حدث في السوق بل ما حدث في قرارك.

مثال: "دخلت قبل اكتمال الدورة بسبب ثقة زائدة."

احتفظ بهذه الجملة وكرر التمرين مع ثلاث صفقات سابقة وستبدأ في رؤية نمط متكرر.

الهدف من التمرين

معرفة أن الأسواق لا تتغير بسرعة أما السلوك يتكرر.

- إذا عرفت نوع خطئك المتكرر يمكنك علاجه.
- إذا لم تعرفه ستكرر نفس الخسارة بأسماء أسهم مختلفة.

القاعدة النهائية

الخسارة لا تُصلحها صفقة رابحةولكن تُصلحها مراجعة صادقة.

ومن يراجع نفسه يقلل أخطاءه قبل أن يقلل خسائره.

الفصل التاسع عشر

مثلث التحوط المصري

الأسهم، الذهب، العقار

المستثمر المصري لا ينظر إلى الأسهم وحدها ولكنه يقارن دائمًا بين بدائل.

- الذهب
- العقار
- الأدوات البنكية
- الأسهم.

أولًا: متى تتفوق الأسهم؟

- عند استقرار العملة
- بداية دورة تيسير نقدي
- تحسن أرباح الشركات

ثانيًا: متى يتفوق الذهب؟

- عند اضطراب العملة
- ارتفاع التضخم
- تصاعد المخاطر الجيوسياسية

ثالثًا: متى يتفوق العقار؟

- في بيئة تضخم مرتفع مستمر
- مع نمو سكاني قوي
- عندما يكون التمويل متاحًا

لكن العقار أقل سيولة والدخول والخروج منه بطيء.

الفكرة ليست اختيار أصل واحد

بل توزيع ذكي.

المستثمر الواعي يعيد موازنة أصوله مع تغير المرحلة الاقتصادية.

الفصل العشرون

بناء النموذج الشخصي

اختيار الاستراتيجية وفق دورة الاقتصاد

لا توجد استراتيجية واحدة صالحة لكل المراحل.

أولًا: استراتيجية القيمة

مناسبة عندما:

- تنضغط التقييمات
- ترتفع الفائدة
- يسود التشاؤم

ثانيًا: استراتيجية النمو

مناسبة عند:

- بداية دورة تيسير
- تحسن بيئة الأعمال
- استقرار العملة

ثالثًا: استراتيجية العوائد

مناسبة في بيئة:

- فائدة مستقرة
- أرباح توزيعية منتظمة
- تذبذب محدود

السؤال الحاسم

في أي مرحلة نحن الآن؟

اختيار الاستراتيجية يجب أن يسبق اختيار السهم.

خلاصة الجزء السادس

إدارة المخاطر ليست تقليلاً للطموح بل حماية للاستمرارية.

من يحافظ على رأس ماله يملك فرصة الربح طويل الأجل.

ننتقل الآن إلى الجزء السابع

دراسات الحالة التاريخية

حيث نطبق الإطار على أحداث حقيقية ونختبره أمام الواقع.

الجزء السابع

الأدوات الاستثمارية في السوق المصري

عندما لا يكون اختيار السهم هو الخيار الوحيد

الاستثمار في السوق المصري لم يعد يقتصر على شراء أسهم مباشرة.

اليوم أمام المستثمر بدائل منظمة داخل السوق نفسه:

- صناديق استثمار
- صناديق نقد
- صناديق مؤشرات
- أدوات دخل ثابت
- صناديق عقارية

فهم هذه الأدوات لا يقل أهمية عن فهم السهم.

الفصل الثالث والعشرون

صناديق الاستثمار

هل تحتاج فعلاً لاختيار سهم بنفسك؟

صندوق الاستثمار ببساطة هو محفظة مُدارة من قبل متخصصين تجمع أموال مستثمرين وتستثمرها وفق سياسة محددة.

الفكرة ليست جديدة لكن أهميتها زادت في بيئة فائدة مرتفعة وتذبذب مرتفع.

أولًا: أنواع صناديق الاستثمار في مصر

1) صناديق الأسهم

- تستثمر غالبًا في أسهم مدرجة
- عائدها مرتبط بأداء السوق
- مخاطرتها أعلى من غيرها

مناسبة لمن يريد انكشافًا على السوق دون إدارة يومية.

2) صناديق النقد (Money Market)

تستثمر في:

- أذون خزانة قصيرة الأجل
- أدوات دين منخفضة المخاطر
- ودائع بنكية

في فترات الفائدة المرتفعة تصبح ملاذًا مهمًا وتتميز بـ:

- سيولة عالية
- تقلب منخفض
- عائد قريب من أدوات الدين

لكن العائد غالبًا اسمي ويجب احتساب التضخم.

3) صناديق المؤشرات (ETFs)

هذه من أهم التطورات.

هي صناديق تتبع مؤشرًا معينًا مثل مؤشر السوق الرئيسي.

مميزاتها:

- تكلفة إدارة منخفضة
- تنويع تلقائي
- شفافية في المكونات

بدل اختيار سهم تشتري السوق نفسه.

ثانيًا: متى تختار الصندوق بدل السهم؟

اختر الصندوق عندما:

- لا تملك وقتًا للمتابعة
- لا تريد مخاطرة سهم واحد
- ترغب في تنويع سريع
- تتوقع صعودًا عامًا للسوق

اختر السهم عندما:

- ترى فرصة محددة
- لديك قناعة بتحليل مالي معين
- تريد عائدًا يفوق المؤشر

ثالثًا: أثر الفائدة على الصناديق

عند ارتفاع الفائدة:

- تتفوق صناديق النقد
- يقل جاذبية صناديق الأسهم

عند بداية خفض الفائدة:

- تنتقل السيولة تدريجيًا للأسهم
- تحسن أداء صناديق المؤشرات

الصندوق ليس معزولًا عن الدورة الاقتصادية.

خطأ شائع

اعتبار صندوق النقد استثمارًا دائمًا بل هو أداة إدارة سيولة وليس أداة بناء ثروة طويلة الأجل.

خامسًا

كيف تقارن بين الصناديق؟

انظر إلى:

- سياسة الاستثمار
- تاريخ الأداء عبر دورة كاملة
- مستوى المخاطرة
- الرسوم

لا تنظر إلى آخر 6 أشهر فقط.

قاعدة تحليلية

الصندوق أداة ليس بديلًا للفهم.

حتى لو استثمرت عبر صندوق يجب أن تفهم:

في أي مرحلة اقتصادية نحن؟

خلاصة الفصل

صناديق الاستثمار تمنح:

- تنويعًا
- إدارة محترفة
- مرونة

لكنها لا تعفيك من التفكير.

الفصل الرابع والعشرون

أدوات الدخل الثابت

أذون وسندات الخزانة... المنافس الحقيقي للأسهم

في السوق المصري لا يمكنك تحليل الأسهم دون النظر إلى أدوات الدين الحكومية.

عندما ترتفع الفائدة تصبح أذون الخزانة منافسًا مباشرًا لأي استثمار آخر.

أولًا: ما الفرق بين أذون وسندات الخزانة؟

أذون الخزانة

- قصيرة الأجل
- عادة أقل من سنة
- تصدر بخصم ويسترد المستثمر القيمة الاسمية عند الاستحقاق

سندات الخزانة

- أطول أجلًا
- قد تمتد لسنوات
- تدفع كوبونًا دوريًا

الأذون أكثر سيولة وقصرًا ولكن السندات أكثر حساسية لتغير الفائدة.

ثانيًا: كيف يشتريها المستثمر الفرد؟

عادة عبر:

- البنوك
- بعض شركات السمسرة
- صناديق النقد كوسيط غير مباشر

الاستثمار المباشر يحتاج حدًا أدنى مرتفعًا نسبيًا لذلك يلجأ كثيرون لصناديق النقد.

ثالثًا: العائد الاسمي مقابل الحقيقي

إذا كانت أذون الخزانة تعطي 22% والتضخم 30% فالعائد الحقيقي سلبي.

لكن إذا كانت تعطي 22% والتضخم 15% فالعائد الحقيقي إيجابي.

هنا تصبح أداة منافسة للأسهم.

رابعًا: متى تتفوق أدوات الدين على الأسهم؟

- عند ذروة دورة الفائدة
- عند ارتفاع المخاطر
- عند ضعف وضوح الرؤية الاقتصادية

في هذه المراحل تتحول السيولة من المخاطرة إلى الأمان.

خامسًا: متى تصبح الأسهم أكثر جاذبية؟

عندما تبدأ التوقعات بخفض الفائدة....

- السوق يتحرك قبل القرار.
- تنخفض العوائد المستقبلية لأدوات الدين.
- فتزداد جاذبية الأسهم.

سادسًا: مخاطر أدوات الدخل الثابت

رغم أنها أقل تقلبًا إلا أن لها مخاطر:

- مخاطر تضخم
- مخاطر إعادة استثمار
- مخاطر تغير الفائدة في حالة السندات طويلة الأجل

لا يوجد أصل بلا مخاطرة.

سابعًا: كيف تقارن بينها وبين الأسهم؟

اسأل:

- هل العائد الحقيقي موجب؟
- ما مستوى المخاطرة الذي أتحمله؟
- هل أحتاج سيولة قصيرة أم بناء ثروة طويلة؟

إذا كنت في مرحلة دفاعية قد يكون الدين مناسبًا.

إذا كنت في بداية دورة صعود قد تكون الأسهم أفضل.

قاعدة تحليلية

لا تنظر إلى رقم الفائدة وحده ولكن انظر إلى:

- الفائدة
- التضخم
- العملة
- دورة الاقتصاد

مجتمعة.

خلاصة الفصل

أدوات الدخل الثابت ليست بديلًا دائمًا للأسهم وليست أقل قيمة منها بل هي جزء من المنظومة.

المستثمر الذكي ينتقل بينها وفق المرحلة لا وفق العادة.

الفصل الخامس والعشرون

صناديق الاستثمار العقاري REITs

هل يمكن الاستثمار في العقار دون شراء عقار؟

العقار أصل مفضل لدى المستثمر المصري لكنه:

- يحتاج رأس مال كبير
- سيولته منخفضة
- دخوله وخروجه بطيء

هنا تظهر فكرة صناديق الاستثمار العقاري.

أولًا: ما هي REITs؟

REIT هو صندوق يستثمر في:

- عقارات مدرة للدخل
- مراكز تجارية
- مبانٍ إدارية
- أصول لوجستية

ويقوم بتوزيع جزء كبير من أرباحه دوريًا على المستثمرين.

بدل شراء شقة فتشتري حصة في محفظة عقارية.

ثانيًا: متى ظهرت في السوق المصري؟

التجربة ما زالت في مراحلها الأولى مقارنة بالأسواق المتقدمة لكن الفكرة مهمة لأنها:

- تتيح دخولًا منخفض التكلفة نسبيًا
- تمنح سيولة أعلى من العقار المباشر
- توفر إدارة احترافية

ثالثًا: كيف تختلف عن شراء عقار مباشر؟

العنصر	REIT	العقار المباشر
رأس المال	أقل نسبيًا	**مرتفع**
السيولة	يمكن البيع في السوق	**بطيئة**
الإدارة	احترافية	**مسؤولية شخصية**
التنويع	مرتفع	**محدود غالبًا**

لكن REIT يتأثر بسعر السوق أما العقار المباشر أقل تقلبًا ظاهريًا.

رابعًا: كيف تُقيِّم REIT بشكل صحيح؟

لا تنظر إلى سعر الوحدة فقط فالسعر في السوق قد يكون أعلى أو أقل من القيمة الحقيقية للأصول.

ابدأ بثلاثة مؤشرات أساسية:

- **صافي قيمة الأصول (NAV)**

احسب:

قيمة العقارات السوقية ناقص إجمالي الديون ثم قارنها بالقيمة السوقية للصندوق.

إذا كان الصندوق يتداول بأقل من NAV فقد يكون هناك هامش أمان.

إذا كان أعلى بكثير فقد يكون مبالغًا في تسعيره.

العائد على التوزيعات

انظر إلى: التوزيعات السنوية ÷ سعر الوحدة لكن لا تكتفِ بالنسبة.

اسأل:

هل التوزيع ناتج عن تدفق نقدي فعلي؟

أم عن إعادة تقييم أو أرباح غير متكررة؟

العائد المرتفع غير المستدام إشارة خطر.

نسبة الدين إلى الأصول

REIT الممول بدين مرتفع أكثر حساسية للفائدة.

في بيئة رفع فائدة قد ينضغط العائد بشدة.

التوازن في التمويل أهم من التوسع السريع.

جودة الأصول: ليس كل عقار متساويًا.

قيّم:

- الموقع
- نوع الأصل
- تنوع المستأجرين
- مدة العقود
- نسبة الإشغال

أصل واحد ممتاز أفضل من عدة أصول ضعيفة.

حساسية العائد للتضخم

- هل العقود مرتبطة بالتضخم؟
- هل هناك قدرة على إعادة التسعير؟

في اقتصاد تضخمي هذه نقطة فاصلة.

خطأ شائع

الاعتقاد أن REIT "يشبه الذهب" لأنه مرتبط بأصل حقيقي.

الحقيقة: هو أصل مالي يتحرك مع:

- الفائدة
- السوق
- السيولة

ولا يعكس فقط قيمة العقار الفعلية.

خامسًا: العائد الحقيقي في REIT

صندوق الاستثمار العقاري يحقق عائده من عنصرين:

- توزيعات نقدية دورية
- تغير في قيمة الأصول

لكن في بيئة تضخمية يجب أن تسأل:

- هل الإيجارات قابلة لإعادة التسعير؟
- هل العقود مرتبطة بالتضخم؟
- هل الأصول مقومة بقيم تعكس السوق الفعلي؟

إذا كانت الإيجارات ثابتة طويلة الأجل والتضخم مرتفع فالعائد الحقيقي قد يتآكل.

سادسًا: حساسية REIT للفائدة

العقار بطبيعته أصل ممول بالدين فعند ارتفاع الفائدة:

- ترتفع تكلفة التمويل
- تنخفض التقييمات العقارية
- يزيد الضغط على العائد

وعند استقرار أو خفض الفائدة يتحسن التقييم.

لذلك REIT يتأثر بدورة الفائدة مثل الأسهم لكن بطريقة مختلفة.

سابعًا: متى يكون REIT مناسبًا؟

- عندما تريد دخلًا دوريًا
- عندما لا تريد إدارة عقار مباشر
- عندما تتوقع استقرارًا نسبيًا في الفائدة
- عندما يكون التقييم أقل من قيمة الأصول

ثامنًا: مخاطر يجب الانتباه لها

- تركّز الأصول في موقع واحد
- اعتماد كبير على مستأجر رئيسي
- تمويل مرتفع
- تقييم مبالغ فيه مقارنة بصافي قيمة الأصول

لا تنجذب فقط لفكرة "عقار" بل اقرأ الأرقام.

تاسعًا: REIT داخل المحفظة

REIT ليس بديلًا كاملًا للأسهم ولا بديلًا كاملًا للعقار المباشر.

هو أصل هجين: يمنح دخلًا ويتأثر بالسوق ويعكس دورة الفائدة

وجوده داخل المحفظة قد يقلل التذبذب إذا تم اختياره في المرحلة المناسبة.

قاعدة تحليلية

قبل شراء REIT اسأل:

هل أشتري تدفقًا نقديًا مستدامًا أم أراهن على ارتفاع سعر الأصل؟

الفرق بين الاثنين يحدد طبيعة المخاطرة.

خلاصة الفصل

صناديق الاستثمار العقاري تمنحك دخولًا منظمًا إلى قطاع يحبه المستثمر المصري.

لكنها ليست عقارًا صامتًا بل أصل مالي يتفاعل مع:

- الفائدة
- التقييم
- السيولة

وإدخاله في المحفظة يجب أن يكون قرارًا محسوبًا لا بدافع التنويع فقط.

الجزء السابع

دراسات حالة

الفهم النظري مهم لكنه لا يكفي

يمكنك أن تعرف:

- كيف تعمل الفائدة
- كيف تتحرك السيولة
- كيف تختار السهم

ثم تقف أمام السوق ولا تعرف ماذا تفعل

المشكلة ليست في المعرفة بل في التطبيق

السوق لا يعطيك أسئلة واضحة ولا خيارات محددة

يعطيك حالة معقدة ويطلب منك قرارًا

هنا تظهر الفجوةبين من يفهم ومن يستطيع أن يقرر

في هذا الجزءلن نشرح مفاهيم جديدة بل سنفعل شيئًا مختلفًا

سنأخذ حالات حقيقية ونفككها خطوة خطوة

سنرى:

- كيف تبدأ الفكرة
- كيف تتشكل الإشارات
- كيف تدخل السيولة
- كيف يتغير السلوك

وسنجيب على سؤال مهم

لماذا كان القرار صحيحًا؟ أو لماذا كان خاطئًا؟

ستتعلم أن: نفس الأدوات قد تعطي نتائج مختلفة

حسب:

- التوقيت
- المرحلة
- السياق

الهدف هنا ليس أن تحفظ الأمثلة

ولكن الهدف أن ترى النمط

إذا رأيت النمط ستستطيع أن تتصرف

حتى في حالة لم ترها من قبل

قبل أن تبدأ اسأل نفسك:

هل تفهم السوق؟ أم تستطيع أن تتخذ قرارًا داخله؟

هذا الجزء ينقلك من الفهم... إلى التطبيق

أهم 3 أسئلة:

- ما الذي تغيّر اقتصاديًا؟
- كيف تحركت السيولة؟
- من ربح ومن خسر ولماذا؟

أكثر خطأ شائع: قراءة التاريخ بأثر رجعي دون فهم السياق الزمني.

مؤشر تحذير مبكر: تكرار نمط سيولة سبق الانهيار.

عندما يختبر الواقع كل ما سبق

النظرية سهلة ولكن التاريخ هو الامتحان.

في هذا الجزء نطبق الإطار الذي بنيناه على مراحل مفصلية في السوق المصري.

الهدف ليس السرد بل التحليل.

الفصل الحادي والعشرون

دراما التعويم

2016 – 2022 – 2024

تحرير سعر الصرف لم يكن حدثًا نقديًا فقط بل كان إعادة توزيع للثروة.

دراسة حالة تعويم 2016 - تحليل احترافي

ما الذي حدث فعليًا؟

- الدولار انتقل من 8.8 إلى أكثر من 16 جنيه
- التضخم تجاوز 30%
- الفائدة ارتفعت تدريجيًا

أثر مباشر

- إعادة تسعير الشركات
- تضخم أرباح تصديرية
- ضغط على الشركات المستوردة
- قفزة في البنوك بسبب أدوات الدين

ماذا حدث للمؤشر؟

EGX30 تضاعف تقريبًا خلال 18 شهرًا بعد التعويم.

لكن: ليس كل الأسهم تضاعفت.

القطاعات المرتبطة بالدولار قادت الموجة.

الدرس الاحترافي

السوق لا يخاف من التعويم نفسه بل يخاف من الغموض.

عندما انتهى الغموض بدأت دورة إعادة التسعير.

الأسهم التصديرية استفادت.

الشركات ذات المدخلات المستوردة تعرضت لضغط.

من فهم أثر العملة تحرك مبكرًا ومن ركز على الأرقام الاسمية تأخر.

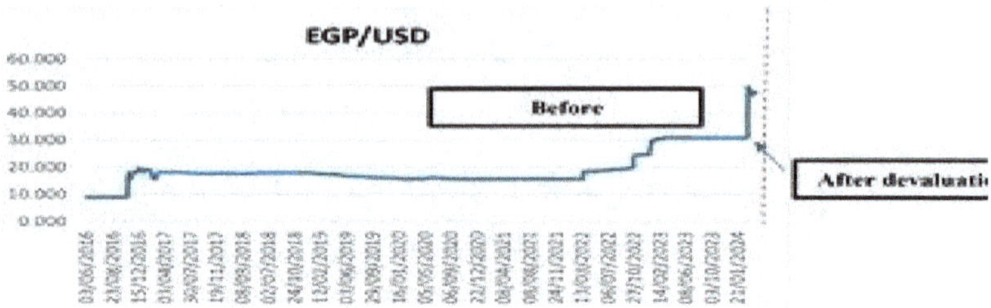

2022 تعويم جديد في بيئة عالمية مضطربة.

- ارتفاع فائدة عالمي

- خروج تدفقات أجنبية
- ضغط مزدوج على العملة والسيولة

السوق لم يهبط بسبب أرباح الشركات فقط بل بسبب إعادة تقييم المخاطر الكلية.

2024 مرحلة إعادة توازن.

- دخول استثمارات إقليمية
- تحسن نسبي في السيولة
- إعادة توزيع للأوزان القطاعية

هنا ظهر أثر دور الدولة والاستحواذات الخليجية.

التعويم ليس مجرد خبر بل هو نقطة تحول هيكلي.

الفصل الثاني والعشرون

الانهيارات المفاجئة

2008 – 2011 – 2020

2008 أزمة عالمية.

- خروج أموال أجنبية
- انهيار سيولة
- ضغط نفسي حاد

السوق عاقب المبالغة في التقييم.

2011 حدث سياسي داخلي.

- توقف تداول
- قلق ممتد
- تراجع ثقة

من كان منضبطًا في إدارة المخاطر استطاع النجاة.

2020 جائحة عالمية.

- بيع جماعي
- تراجع حاد وسريع
- ثم تعافٍ مدفوع بالسيولة

هنا ظهر أثر السيولة العالمية وليس الاقتصاد المحلي فقط.

الأزمات لا يمكن منعها لكن يمكن الاستعداد لها فمن يملك سيولة يرى الفرص وسط الخوف.

الفصل الثالث والعشرون

قصة صعود قطاع

كيف يسبق الاقتصاد السعر

لنأخذ مثالًا قطاعيًا مثل الأسمدة أو العقارات.

مرحلة البداية

- تحسن في أسعار السلع عالميًا
- أو انخفاض تكلفة تمويل
- أو دعم حكومي غير مباشر

الاقتصاد يرسل إشارة.

مرحلة دخول السيولة

- زيادة تدريجية في الأحجام
- تحرك قياديات القطاع
- تحسن مضاعفات الربحية

مرحلة الذروة

- دخول سيولة متأخرة
- ارتفاع سريع
- مضاعفات مبالغ فيها

ثم يبدأ التصحيح.

السعر لا يتحرك عشوائيًا.

الاقتصاد يسبق.... السيولة تؤكد والنفسية تضخم.

خلاصة الجزء السابع

التاريخ لا يعيد نفسه حرفيًا لكنه يكرر الأنماط.

فالإطار التحليلي يساعدك على رؤية التشابه قبل أن يتضح للجميع.

الجزء الثامن

الفصل الرابع والعشرون

البورصة المصرية

استثمار طويل الأجل أم ساحة مضاربة؟

هذا السؤال يتكرر دائمًا والإجابة ليست واحدة.

السوق المصري ليس أبيض أو أسود ولكنه يتغير مع المرحلة.

أولًا: العائد الحقيقي طويل الأجل

عند قياس الأداء عبر سنوات طويلة يجب أن نحسب:

- التضخم
- تغير سعر الصرف
- الفترات التي ظل فيها السوق دون قمته

في بعض الدورات حقق السوق عوائد قوية. وفي دورات أخرى استغرق سنوات ليعوض خسائره.

السؤال ليس هل السوق يربح؟

السؤال متى يربح؟ وبأي شروط؟

ثانيًا: المقارنة بالبدائل

المستثمر المصري يقارن دائمًا بين:

- الأسهم
- الذهب
- العقار
- الشهادات البنكية
- في فترات الفائدة المرتفعة تتفوق الأدوات البنكية قصيرة الأجل.
- في فترات ضعف العملة يتفوق الذهب.

- في فترات الاستقرار والنمو تتفوق الأسهم.

لا يوجد أصل متفوق دائمًا بل هناك مرحلة متفوقة.

ثالثًا: هل يمكن بناء ثروة مستدامة؟

نعم لكن بشروط.

- قراءة الاقتصاد قبل اختيار السهم
- توزيع الأصول بمرونة
- إدارة مخاطر صارمة
- احتساب العائد الحقيقي لا الاسمي

من يدخل السوق بعقلية مضاربة دائمة سيعيش على تقلبات قصيرة.

أما من يدخل بعقلية منهج سيبني مسارًا أطول.

رابعًا: متى تتحول السوق إلى ساحة مضاربة؟

- عند ضعف السيولة المؤسسية
- عند سيطرة الشائعات
- عند ارتفاع التذبذب دون أساس اقتصادي

في هذه المراحل الحذر أولى من الطموح.

خامسًا: متى تصبح استثمارًا حقيقيًا؟

- عند استقرار العملة
- عند وضوح السياسة النقدية
- عند تحسن كفاءة الإفصاح

- عند مشاركة مؤسسية أوسع

هنا يصبح التقييم منطقياً وتقل فجوات المفاجأة.

الفصل الخامس والعشرون

التكنولوجيا المالية وجيل التطبيقات

كيف غيّرت المنصات الرقمية شكل السيولة في مصر؟

قبل سنوات قليلة كان فتح حساب تداول يتطلب:

- زيارة شركة سمسرة
- أوراقًا مطولة
- وقتًا وانتظارًا

اليوم يمكن فتح حساب خلال دقائق عبر الهاتف وهذا التحول لم يكن تقنيًا فقط بل غيّر سلوك السوق نفسه.

أولًا: انخفاض حاجز الدخول

ظهور تطبيقات تداول خفض تكلفة الدخول إلى السوق والنتيجة:

- دخول جيل أصغر سنًا
- زيادة عدد الحسابات النشطة
- ارتفاع عدد العمليات اليومية

لكن زيادة العمليات لا تعني زيادة العمق.

ثانيًا: تسارع دوران السيولة

المستثمر التقليدي كان يحتفظ بالسهم أسابيع أو أشهر.

المستثمر الرقمي:

- يتداول بسرعة
- يتابع الإشعارات
- يتحرك مع الاتجاه اللحظي

هذا زاد من:

- التذبذب اليومي
- تحركات الأسهم الصغيرة
- حساسية السوق للأخبار السريعة

السيولة أصبحت أسرع لكنها أقل صبرًا.

ثالثًا: ديمقراطية الوصول مقابل ضعف الخبرة

سهولة الوصول لا تعني سهولة الفهم فجزء كبير من الداخلين الجدد:

- يفتقر إلى معرفة بدورة الفائدة
- لا يقرأ القوائم المالية
- يتأثر بالاتجاه العام

هذا يخلق موجات صعود سريعة وموجات هبوط حادة.

رابعًا: أثر المنصات على هيكل السوق

زيادة التداول الإلكتروني أدت إلى:

- توسع قاعدة المستثمرين الأفراد
- ارتفاع أهمية الأسهم منخفضة السعر
- تغير أنماط السيولة داخل الجلسة

في بعض المراحل يتحول السوق إلى تفاعل لحظي جماعي.

خامسًا: هل التكنولوجيا إيجابية أم سلبية؟

هي أداة تعزز:

- الشفافية
- الوصول
- سرعة التنفيذ

لكنها تضخم:

- الانفعال
- التداول المفرط
- قرارات اللحظة

المشكلة ليست في التطبيق بل في منهج المستخدم.

سادسًا: كيف يتعامل المستثمر الواعي مع هذا التحول؟

- لا ينجرف وراء سرعة السوق
- لا يخلط بين النشاط والربحية
- لا يقيس نجاحه بعدد العمليات

السوق الرقمي سريع لكن الثروة لا تُبنى بالسرعة.

خلاصة الفصل

التكنولوجيا أعادت تشكيل السيولة لكنها لم تغيّر قواعد الاقتصاد.

من يفهم الدورة يستخدم التطبيق كأداة لا يتحول هو إلى أداة داخل الموجة.

الفصل السادس والعشرون

المحفظة المتوازنة في الاقتصاد المصري

كيف تبني ثروة في بيئة غير مستقرة؟

في اقتصاد مستقر يمكن بناء محفظة ثابتة لسنوات.

في الاقتصاد المصري الاستقرار مرحلة وليس حالة دائمة لذلك المحفظة يجب أن تكون مرنة.

أولًا: ما الهدف الحقيقي من المحفظة؟

ليس تعظيم الربح فقط بل:

- حماية القوة الشرائية
- تقليل التذبذب
- الاستفادة من الدورة الاقتصادية
- البقاء طويلًا في السوق

إذا لم يتحقق الهدف الأول فلا معنى لبقية الأهداف.

ثانيًا: مكونات المحفظة في السياق المصري

1) الأسهم

2) صناديق المؤشرات

3) صناديق النقد

4) أدوات الدخل الثابت

5) REIT

6) الذهب

السؤال ليس أيها أفضل ولكن السؤال متى يتفوق كل منها؟

ثالثًا: المحفظة حسب المرحلة الاقتصادية

مرحلة فائدة مرتفعة وضغط عملة

- زيادة وزن صناديق النقد
- زيادة أدوات الدخل الثابت قصيرة الأجل
- تقليل الأسهم عالية المخاطرة
- التركيز على القطاعات الدفاعية

الهدف: حماية رأس المال.

مرحلة استقرار نسبي

- توزيع متوازن بين الأسهم وأدوات الدين
- إدخال REIT بعائد توزيعي
- مراقبة إشارات خفض الفائدة

الهدف: استعداد للانتقال.

بداية دورة تيسير

- زيادة وزن الأسهم
- التركيز على القياديات
- تقليل وزن أدوات الدين طويلة الأجل

الهدف: الاستفادة من إعادة التسعير.

مرحلة مضاربية متقدمة

- تخفيف الانكشاف تدريجيًا
- زيادة السيولة
- تجنب الأسهم الصغيرة المبالغ فيها

الهدف: الحفاظ على المكاسب.

رابعًا: نسبة التوزيع ليست ثابتة لا يوجد رقم سحري لكن هناك مبدأ:

- كلما زاد عدم اليقين زاد وزن الأصول الدفاعية.
- كلما زادت الرؤية زاد وزن الأصول النمّوية.

خامسًا: دور الذهب في المحفظة

الذهب في السياق المصري:

- تحوط ضد العملة
- أداة نفسية للأمان
- لا يدر دخلًا

يجب ألا يكون كل المحفظة ولا يجب تجاهله تمامًا.

سادسًا: REIT داخل المحفظة

مفيد عندما:

- تبحث عن دخل دوري
- تتوقع استقرارًا نسبيًا
- تريد تنويعًا خارج الأسهم

لكن لا تعتمد عليه وحده في تضخم حاد مع فائدة مرتفعة.

سابعًا: الانضباط أهم من التوزيع

المشكلة ليست في بناء المحفظة بل في تغييرها عند أول تقلب.

إعادة التوازن يجب أن تكون:

- مدروسة
- مبنية على دورة
- لا استجابة انفعالية

مثال تطبيقي مبسط

مستثمر في بيئة فائدة 22% وتضخم 25%:

- 30% أدوات دخل ثابت
- 20% صناديق نقد
- 30% أسهم دفاعية وقياديات
- 10% REIT
- 10% ذهب

ثم عند بدء خفض الفائدة يبدأ نقل الوزن تدريجيًا للأسهم.

الفكرة ليست الأرقام بل المنهج.

القاعدة الذهبية

المحفظة ليست صورة ثابتة هي متغير مع المرحلة.

من يثبت على توزيع واحد يخالف طبيعة الاقتصاد المصري.

خلاصة الفصل

الثروة في السوق المصري لا تُبنى بسهم واحد ولا بأصل واحد.

بل ببناء منظومة متوازنة تتحرك مع الدورة ولا تقاتلها.

الفصل السابع والعشرون

متى تتوقف عن التداول؟

القرار الذي لا يتحدث عنه أحد

في السوق الجميع يتحدث عن:

- متى تشتري؟
- متى تبيع؟
- متى تدخل؟

قلة فقط تتحدث عن متى تتوقف؟

التوقف ليس ضعفًا أحيانًا هو أعلى درجات الانضباط.

أولًا: عندما تفقد وضوح الرؤية الاقتصادية

إذا كنت لا تستطيع الإجابة على:

- أين نحن في دورة الفائدة؟
- ما اتجاه العملة؟
- هل السيولة مؤسسية أم مضاربية؟

فأنت تتداول في ضباب والسوق لا يكافئ من يتحرك بلا رؤية.

ثانيًا: عندما يتحول القرار إلى تعويض

بعد خسارة حادة يرتفع الميل لزيادة حجم الصفقة يتغير الهدف من الاستثمار إلى استعادة ما ضاع وهنا يصبح القرار نفسيًا لا تحليليًا.

هذه اللحظة إشارة توقف.

ثالثًا: عندما يختفي الانضباط

- تدخل دون خطة
- تغير نقطة الخروج

- تضاعف المخاطرة
- تلاحق الأسهم المرتفعة

إذا تغير سلوكك فالمشكلة ليست في السوق بل فيك.

التوقف هنا إعادة ضبط.

رابعًا: عندما تصبح السوق مضاربية بالكامل

إذا لاحظت:

- أسهم صغيرة ترتفع دون أساس
- أحجام ضخمة في حركات قصيرة
- انتشار حديث عن أرباح سريعة

فهذه مرحلة متقدمة في الدورة.

المحترف لا يقاتل في الذروة بل يخفض التعرض.

خامسًا: عند إنهاك نفسي

التداول المستمر في بيئة متقلبة يستنزف التركيز.

إذا شعرت:

- بتوتر دائم
- بمتابعة مفرطة للأسعار
- بقلق ليلي بسبب المراكز المفتوحة

فهذا ليس استثمارًا صحيًا.

رأس المال النفسي جزء من رأس المال الحقيقي.

سادسًا: التوقف ليس خروجًا دائمًا

التوقف قد يكون:

- أسبوعًا
- شهرًا
- حتى تتضح الصورة

في هذه الفترة:

- راجع أدائك
- راقب دون انكشاف
- أعد تقييم منهجك

السوق سيظل موجودًا.

قاعدة عملية

إذا لم تكن لديك أفضلية واضحة فالأفضلية هي السيولة.

السيولة قرار وليست عجزًا.

الفرق بين المحترف والمندفع

المندفع يخشى أن تفوته الفرصة.

المحترف يخشى أن يدخل في الوقت الخطأ.

الخلاصة

السوق لا يرحم العشوائية ولا يكافئ الإصرار غير المنضبط.

أحيانًا أكبر ربح تحققه هو خسارة لم تحدث.

والتوقف ليس انسحابًا من اللعبة بل اختيارًا للحظة العودة.

ملحق

السوق لا يتوقف عند الفهم الأساسي فمن يتقن الإطار يستطيع أن ينتقل إلى أدوات أعمق.

هذا الملحق ليس بديلاً عن المنهج الذي بُني في هذا الكتاب بل امتداد له. اقرأه بعد أن تثبت فهمك لدورة الفائدة وتأثير العملة وحركة السيولة.

ملحق تحليلي عملي

قراءة القوائم المالية في 15 دقيقة

كيف تميز بين الربح الحقيقي والوهم المحاسبي؟

هذا الفصل يخدم:

- المستثمر غير المتخصص
- القارئ الذي لا يريد الغوص المحاسبي
- من يريد اختبارًا سريعًا لجودة الشركة

لن نعيد شرح المحاسبة بل سنركز على الجوهر.

أولًا: ابدأ بقائمة التدفقات النقدية لا تبدأ بقائمة الدخل.

اسأل: هل التدفق النقدي التشغيلي موجب ومستقر؟

إذا كانت الشركة تعلن أرباحًا لكن النقد ضعيف فهذا إنذار.

النقد هو ما يسدد الديون لا الأرباح الورقية.

ثانيًا: افصل بين الربح التشغيلي وغير التشغيلي

راجع:

- هل جزء كبير من الربح ناتج عن فروق عملة؟
- هل هناك أرباح بيع أصول؟
- هل هناك بند استثنائي ضخم؟

الأرباح غير المتكررة لا تُبنى عليها قرارات طويلة الأجل.

ثالثًا: افحص هيكل الديون

اسأل:

- ما نسبة الديون إلى حقوق الملكية؟
- ما نسبة الدين بالعملة الأجنبية؟

- هل الفائدة ثابتة أم متغيرة؟

شركة مربحة لكنها مثقلة بدين دولاري قد تتعرض لهزة قوية.

رابعًا: تحقق من جودة النمو

إذا زادت الإيرادات 30% اسأل:

- هل زاد حجم المبيعات؟
- أم ارتفعت الأسعار فقط؟

النمو السعري في بيئة تضخمية ليس دائمًا نموًا حقيقيًا.

خامسًا: اقرأ المخزون والمدينين

زيادة المخزون بشكل حاد قد تعني:

- ضعف الطلب
- تباطؤ تصريف

ارتفاع المدينين قد يعني:

- صعوبة تحصيل
- ضغط سيولة قادم

سادسًا: قارن عبر دورة كاملة ولا تقرأ سنة واحدة.

راجع:

- 3 إلى 5 سنوات
- سلوك الشركة في أزمة

- أداءها في دورة فائدة مرتفعة

الاستقرار أهم من القفزات.

إشارات خطر سريعة

- ربح مرتفع ونقد ضعيف
- دين متزايد دون توسع واضح
- هوامش متراجعة رغم ارتفاع الإيرادات
- زيادة توزيعات رغم ضغط سيولة

إشارات جودة

- تدفق نقدي تشغيلي قوي
- دين منضبط
- نمو مستدام
- قدرة على تمرير التكلفة

الخلاصة العملية

إذا لم تستطع فهم القوائم اسأل سؤالًا واحدًا:

هل هذه الشركة قادرة على توليد نقد حقيقي في بيئة تضخم وفائدة مرتفعة؟

إذا كانت الإجابة نعم فهي تستحق دراسة أعمق.

الخلاصة النهائية

السوق المصري ليس مكانًا سهلًا لكنه ليس مستحيلًا.

هو سوق:

- حساس للاقتصاد
- متأثر بالسيولة
- سريع التأثر بالنفسية

من يبحث عن يقين كامل لن يجده ومن يبحث عن منهج يمكنه أن يصنع لنفسه ميزة.

الثروة في هذا السوق لا تُبنى بضربة واحدة بل بانضباط طويل.

الجدول التحليلي

الأصل	العائد الحقيقي طويل الأجل	مدة الاحتفاظ المناسبة	مستوى المخاطر	السيولة
السوق المصري	متغير حسب الدورة	سنوات عبر دورات	متوسطة إلى عالية	مرتفعة نسبياً
الذهب	يحمي من التضخم	تحوط متوسط الأجل	متوسطة	عالية
أذون الخزانة	عائد ثابت اسمي	قصير إلى متوسط	منخفضة اسمياً	عالية جداً
العقار	يحافظ على القيمة	طويل الأجل	متوسطة	منخفضة

نموذج مراجعة صفقة

بيانات أساسية

- اسم السهم:
- تاريخ الدخول:
- سعر الدخول:
- تاريخ الخروج:
- سعر الخروج:
- نسبة الربح أو الخسارة:
- نسبة المخاطرة التي حددتها قبل الدخول:

لماذا دخلت الصفقة؟

اختر الأسباب الحقيقية لا المثالية:

- توقع تغير في الفائدة
- استقرار أو تحسن في العملة
- انتقال سيولة للقطاع
- اختراق فني واضح
- تقييم منخفض
- خبر جوهري
- توصية
- خوف من ضياع فرصة

اكتب السبب الأساسي بوضوح:

قراءة المرحلة الاقتصادية وقت الدخول

- الفائدة كانت: في صعود = مستقرة = في هبوط
- العملة كانت: مستقرة = مضغوطة = متذبذبة
- الأجانب: مشترون = بائعون = محايدون
- الأسهم الصغيرة كانت: تقود = ضعيفة = مستقرة

هل كان التوقيت مناسبًا للمرحلة؟

إدارة المخاطر

- هل حددت وقف خسارة قبل الدخول؟ نعم = لا
- هل التزمت به؟ نعم = لا
- نسبة الصفقة من المحفظة:..........%
- هل ضاعفت المركز أثناء الهبوط؟ ☐ نعم ☐ لا
- هل خالفت خطتك الأصلية؟ ☐ نعم ☐ لا

ماذا حدث فعليًا؟

- هل تحرك السهم عكس الاتجاه فورًا؟
- هل تأخر ثم تحرك؟
- هل ظهرت إشارات خروج مبكرة تجاهلتها؟

اكتب ملخصًا موضوعيًا:

تشخيص نوع الخطأ إن وُجد

- خطأ تحليلي
- خطأ توقيت
- خطأ إدارة مخاطر
- خطأ نفسي
- لم يكن خطأ بل تقلب طبيعي

أهم درس من الصفقة

اكتب جملة واحدة فقط:

سؤال صريح

لو عاد بي الزمن هل سأدخل الصفقة بنفس الشروط؟

نعم = لا

إذا لا ما الذي سيتغير؟

قاعدة استخدام النموذج

- يُملأ بعد كل صفقة مغلقة
- لا يُملأ أثناء الانفعال
- يُراجع كل ثلاثة أشهر لاكتشاف النمط المتكرر

الهدف الحقيقي من النموذج

ليس معرفة لماذا خسر السهم بل معرفة لماذا قررت أنت.

السوق يتغير لكن نمط القرار يتكرر.

ومن يضبط نمطه... يضبط نتائجه.

ملحق مصطلحات

أولًا: مصطلحات اقتصادية كلية

السياسة النقدية

إجراءات البنك المركزي للتحكم في الفائدة والسيولة.

في مصر تحدد توقيت دورات الصعود والهبوط.

السياسة المالية

قرارات الحكومة المتعلقة بالضرائب والإنفاق العام.

تؤثر على قطاعات المقاولات والبنية التحتية والمواد الأساسية.

سعر الفائدة

تكلفة اقتراض الأموال أو العائد على الادخار.

كل ارتفاع يعيد تسعير الأسهم.

سعر الصرف

قيمة الجنيه مقابل العملات الأجنبية.

عامل حاسم في تقييم الشركات ذات المكونات المستوردة أو الإيرادات الدولارية.

التضخم

ارتفاع عام ومستمر في الأسعار.

يقيس تآكل القوة الشرائية.

العائد الحقيقي

العائد بعد خصم التضخم وأثر تغير العملة.

المقياس الحقيقي لنمو الثروة.

العائد الاسمي

الربح المحقق دون احتساب التضخم أو العملة.

قد يعطي صورة مضللة.

دورة اقتصادية

مراحل توسع وانكماش النشاط الاقتصادي.

تحدد القطاعات الفائزة والخاسرة.

إعادة التسعير

تغير تقييم السوق نتيجة حدث اقتصادي كبير مثل التعويم.

عجز الموازنة

الفارق بين الإنفاق الحكومي والإيرادات.

ارتفاعه قد يؤدي لزيادة الاقتراض والفائدة.

الدين العام

إجمالي التزامات الدولة.

ارتفاعه يؤثر على عوائد أدوات الدين والسيولة المتاحة.

الاحتياطي النقدي

الأصول الأجنبية لدى البنك المركزي.

مؤشر استقرار العملة.

ثانيًا: مصطلحات مالية ومحاسبية

صافي الربح

الأرباح بعد خصم المصروفات والضرائب.

لا يكفي وحده لتقييم الشركة.

التدفقات النقدية

النقد الداخل والخارج من النشاط.

الأكثر أهمية في بيئة تضخمية.

مضاعف الربحية P/E

سعر السهم مقسومًا على ربحية السهم.

يتأثر بالفائدة والتوقعات.

القيمة الدفترية

صافي أصول الشركة حسب الدفاتر.

تستخدم في تقييم البنوك وبعض القطاعات.

هامش الربح

نسبة الربح إلى الإيرادات.

يكشف قوة التسعير.

هامش صافي الفائدة NIM

الفرق بين عائد الإقراض وتكلفة الودائع في البنوك.

القروض المتعثرة NPL

نسبة القروض غير المنتظمة في السداد.

ارتفاعها يضغط على أرباح البنوك.

كفاية رأس المال CAR

قدرة البنك على تحمل الخسائر.

نسبة القروض إلى الودائع LDR

مقياس استخدام البنك لودائعه في الإقراض.

المديونية

إجمالي الالتزامات مقارنة بحقوق الملكية.

تزداد خطورتها في دورات الفائدة المرتفعة.

فروق العملة

أرباح أو خسائر نتيجة تغير سعر الصرف.

المصروفات الرأسمالية

استثمارات طويلة الأجل في أصول إنتاجية.

الاستدامة وESG

معايير بيئية واجتماعية وحوكمة.

تجذب سيولة مؤسسية طويلة الأجل.

ثالثًا: مصطلحات سوق وسيولة

السيولة

حجم الأموال المتاحة للتداول.

السيولة الذكية

أموال تدخل مبكرًا قبل وضوح الاتجاه للجميع.

التصريف

خروج مؤسسات بهدوء عند القمم.

التراكم

شراء تدريجي قبل بدء موجة صعود.

دورة السيولة

انتقال الأموال بين القياديات والمتوسطة والصغيرة.

اتساع السوق

عدد الأسهم المشاركة في الاتجاه.

العائد الخالي من المخاطر

العائد على أدوات الدين الحكومية.

منافس مباشر للأسهم.

الهامش

الشراء بأموال مقترضة من شركة السمسرة.

وقف الخسارة

سعر يحدد مسبقًا للخروج لتقليل الخسارة.

الاختراق

تجاوز مستوى سعري مهم.

الاختراق الكاذب

تجاوز مؤقت ثم عودة سريعة.

فجوة سعرية

افتتاح السهم بعيدًا عن إغلاقه السابق.

دوران السيولة Rotation

انتقال الأموال من قطاع إلى آخر.

أحجام التداول

عدد الأسهم المتداولة.

مؤشر قوة الحركة.

رابعًا: مصطلحات سلوكية واستثمارية

فخ القيمة

سهم يبدو رخيصًا لكن نشاطه يتدهور.

فخ المتوسط

شراء متكرر لخفض متوسط التكلفة دون تحسن في الأساسيات.

الذروة المضاربية

مرحلة اندفاع الأفراد وارتفاع الأسهم الصغيرة بسرعة.

الانكماش

مرحلة خروج السيولة وارتفاع القلق.

الانضباط

الالتزام بالخطة الاستثمارية مهما كانت المشاعر.

إدارة المخاطر

تحديد حجم الصفقة ونسبة الخسارة المقبولة.

التحيز التأكيدي

البحث عن معلومات تؤيد رأيك وتجاهل العكس.

الانتقام من السوق

زيادة المخاطرة بعد خسارة لتعويض سريع.

الخوف من فوات الفرصة FOMO

الدخول بدافع عدم ضياع موجة صعود.

التنويع

توزيع الاستثمار على أكثر من أصل لتقليل المخاطر.

التحوط

اتخاذ مراكز تقلل أثر مخاطر العملة أو التضخم.

كيف تقرأ هذا الكتاب بعد خمس سنوات؟

الأسواق تتغير.

الدورات تتبدل.

العملة تتحرك.

السياسات النقدية تتشدد ثم تتراخى.

لكن المنهج لا يتغير.

هذا الكتاب ليس مرتبطًا بسنة ولا بمرحلة بعينها بل هو إطار يُعاد استخدامه مع كل دورة.

إذا عدت إليه بعد خمس سنوات فلا تقرأه من البداية للنهاية.

اقرأه وفق المرحلة التي تعيشها.

إذا ارتفعت الفائدة فجأة أو بدأ البنك المركزي دورة تشديد جديدة

ابدأ بالجزء الثاني.

اقرأ الفائدة أولًا ثم راقب القطاعات الحساسة لها.

إذا حدث تعويم جديد أو اتسعت فجوة العملة

عد إلى فصل الجنيه والدولار.

أعد حساب العائد الحقيقي وأعد ترتيب أولوياتك.

إذا ظهرت موجة مضاربة وارتفعت الأسهم الصغيرة بسرعة

راجع دورة السيولة وحدد المرحلة.

واسأل نفسك: هل نحن في توسع أم ذروة؟

إذا أصبح الاقتصاد ضبابيًا وتراجعت الرؤية ولا تعرف من يقود المرحلة

ارجع إلى إدارة المخاطر.

قلّص التعرض واحمِ رأس المال أولًا.

هذا الكتاب لا يعطيك إجابة جاهزة ولكنه يعطيك طريقة قراءة.

عندما تتغير المرحلة غيّر نقطة البداية داخل الكتاب لكن لا تغيّر الإطار.

الفائدة ستتغير.

العملة ستتحرك.

السيولة ستنتقل.

والمنهج سيبقى.

التحليل الكمي

التحليل الكمي محاولة لقياس ما نفهمه اقتصاديًا.

هو لا يتنبأ بالغيب.

بل يحول الفرضيات إلى أرقام.

تشمل أدواته:

نماذج تقييم مثل DCF وCAPM

حساب الانحراف المعياري للمخاطر

قياس الارتباط بين القطاعات

تحليل السلاسل الزمنية

في السوق المصري يجب استخدام هذه الأدوات بحذر.

البيانات التاريخية أقصر.

التقلبات أعلى.

والسيولة أقل عمقًا من الأسواق المتقدمة.

النموذج الكمي أداة دعم.

لا يجب أن يقود القرار بمعزل عن المرحلة الاقتصادية.

التداول الآلي والخوارزميات

الخوارزمية تنفذ ما تبرمجه دون انفعال.

لكنها لا تفهم الاقتصاد.

ولا تقرأ تغير المرحلة.

للدخول في هذا المجال تحتاج إلى:

رأس مال مناسب

اختبار تاريخي صارم

مراقبة مستمرة للأداء

فهم حقيقي لفروق الأسعار والسيولة

في سوق منخفض العمق

قد ينجح النظام نظريًا ويفشل عمليًا بسبب التنفيذ.

الأتمتة لا تلغي المخاطر.

بل تجعل الخطأ يتكرر بسرعة أكبر إن لم يكن النظام منضبطًا.

بناء محفظة احترافية

المستثمر المحترف لا يبحث عن أفضل سهم.

يبحث عن أفضل توزيع.

نظرية المحفظة الحديثة تقوم على مبدأ التنويع وتقليل المخاطر عبر الارتباطات المختلفة.

لكن في السوق المصري

التنويع يجب أن يُبنى على:

حساسية القطاعات للفائدة

تعرض الشركات للعملة

درجة ارتباط الأسهم بالسيولة الأجنبية

مقياس شارب يساعد على مقارنة العائد بالمخاطرة.

لكنه لا يغني عن قراءة الدورة.

المحفظة الاحترافية تتغير مع المرحلة.

لا تبقى ثابتة طوال الوقت.

التحوط وإدارة المخاطر المتقدمة

هناك أدوات متقدمة مثل:

وقف الخسارة المتدرج

الأوامر المزدوجة

التحوط القطاعي

التحوط بأصول مرتبطة بالدولار أو الذهب

لكن أهم تحوط في السوق المصري هو تقليل التعرض عند ضباب الرؤية.

أفضل قرار أحيانًا ليس فتح مركز.

بل انتظار وضوح المرحلة.

إدارة المخاطر المتقدمة لا تعني تعقيد الأدوات.

بل انضباط التنفيذ.

قراءة تدفقات الأجانب

صافي تعاملات الأجانب مؤشر مهم على اتجاه السيولة.

لكن لا يُقرأ يومًا بيوم.

يُقرأ عبر اتجاه أسبوعي وشهري.

ويُقارن بحركة المؤشر واتساع السوق.

دخول أجنبي مستمر يعكس ثقة في المرحلة.

خروج متكرر يعكس تشددًا أو ضغطًا على العملة.

لكن لا تعتمد على هذا العامل منفردًا.

اربط دائمًا بين:

الفائدة

العملة

السيولة الأجنبية

الخلاصة

المستوى الاحترافي لا يبدأ من الأداة ولكنه يبدأ من المنهج.

كل ما ورد في هذا الملحق يفقد قيمته إذا لم يُقرأ داخل الإطار الذي بُني في هذا الكتاب.

الاقتصاد يحدد الاتجاه.

السيولة تحدد السرعة.

والأداة تحدد أسلوب التنفيذ.

ومن يخلط الترتيب يعقد قراره دون أن يحسن نتيجته.

أدوات التوقيت الفني داخل الإطار الاقتصادي

أولًا: لماذا نحتاج التحليل الفني رغم فهم الاقتصاد؟

- فهم الفائدة يمنحك الاتجاه.
- فهم العملة يمنحك السياق.
- فهم السيولة يمنحك المرحلة.

لكن السعر يمنحك التوقيت.

الاقتصاد يجيب عن سؤال: ماذا أشتري؟

التحليل الفني يجيب عن سؤال: متى أشتري؟

في سوق مثل السوق المصري قد يكون تحليلك الاقتصادي صحيحًا لكن دخولك مبكرًا جدًا يجعلك تتحمل تذبذبًا غير ضروري هنا يأتي دور التحليل الفني.

ليس ليتنبأ بالمستقبل بل ليقيس سلوك المشاركين الآن.

الفني أداة تنفيذ لا أداة رؤية.

ثانيًا: أدوات الاتجاه الأساسية

سنركز على أهم المؤشرات

المتوسطات المتحركة 50 و200 يوم

المتوسط 50 يوم يعكس الاتجاه المتوسط.

المتوسط 200 يوم يعكس الاتجاه العام.

عندما يكون السعر فوق 200 يوم فنحن غالبًا في اتجاه صاعد طويل الأجل.

لكن الأهم هو السياق الاقتصادي.

في دورة خفض الفائدة اختراق متوسط 50 يوم قد يكون بداية موجة ممتدة.

في دورة تشديد نقدي نفس الاختراق قد يكون ارتدادًا مؤقتًا.

لا تقرأ المتوسط منفصلًا عن المرحلة.

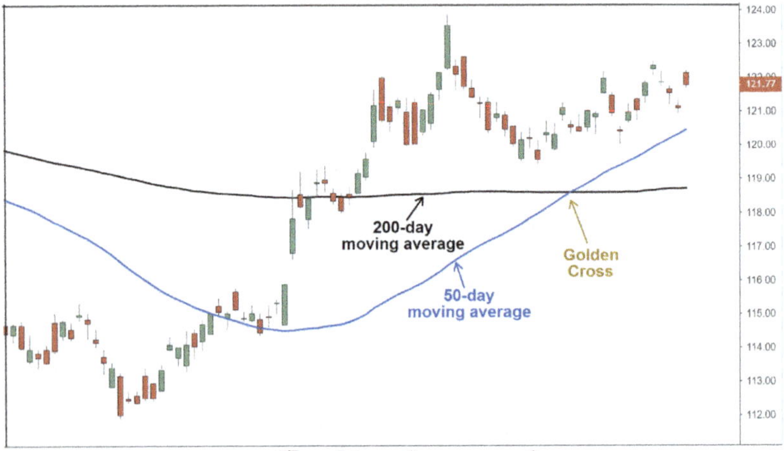

Trend is not a moment
It is a direction confirmed over time

حالتين أساسيتين

1) Golden Cross

عندما: MA 50 يخترق MA 200 لأعلى إشارة قوة محتملة

2) Death Cross

عندما: MA 50 يخترق MA 200 لأسفل □ إشارة ضعف محتملة

خطوط الاتجاه

خط الاتجاه ليس رسمًا هندسيًا بل هو تمثيل لسلوك متكرر.

- في مرحلة توسع السيولة تميل خطوط الاتجاه إلى الاستمرار.
- في مرحلة انكماش تكثر الكسور الكاذبة.

كلما زاد عدد اللمسات على الخط زادت أهميته لكن كسر خط اتجاه في مرحلة تشديد أكثر خطورة من كسره في مرحلة توسع.

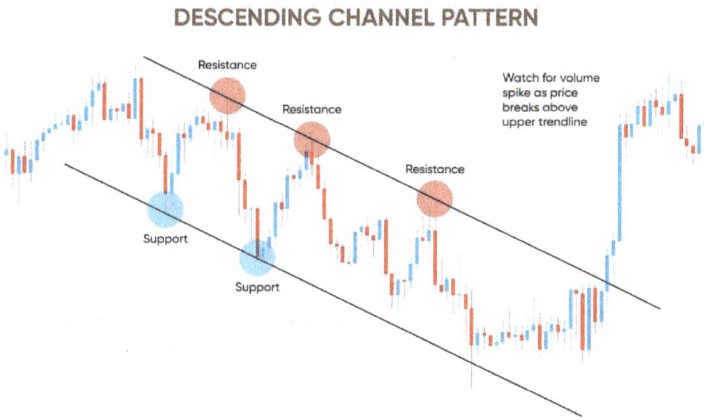

Trendlines do not predict
They reveal behavior

النوع الأول Uptrend Line

- يربط القيعان
- كل قاع أعلى من السابق □ السوق في صعود

النوع الثاني: Downtrend Line

- يربط القمم

- كل قمة أقل من السابقة □ السوق في هبوط

أهم استخدام

ليس الرسم بل (الاحترام)

إذا احترم السعر الخط □ الاتجاه مستمر

إذا كسره بوضوح □ شيء تغير

خطأ شائع

رسم الخط ليلائم السعر بدل أن: تقرأ السعر ثم ترسم الخط

قاعدة بسيطة: كلما زاد عدد اللمسات زاد قوة الخط

قنوات السعر

القناة تعكس النطاق الطبيعي للحركة.

في السوق المصري تتسع القنوات في مراحل المضاربة وتضيق في مراحل الترقب.

الشراء عند الحد السفلي للقناة يكون منطقياً فقط إذا كانت المرحلة داعمة.

الفني يخبرك بالمكان والاقتصاد يخبرك هل المخاطرة مبررة.

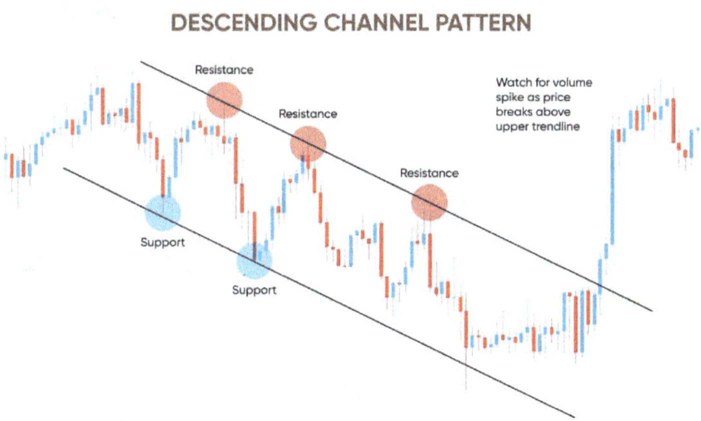

Channels define structure
Not certainty

القناة السعرية ليست خطين فقط بل هي حدود الحركة

كيف تُرسم: خط اتجاه أساسي وخط موازي له والسعر يتحرك بينهما

Upward Channel

- قيعان أعلى
- قمم أعلى
- السعر يتحرك داخل نطاق صاعد

Downward Channel

- قمم أقل
- قيعان أقل
- حركة هابطة منظمة

Sideways Channel

- حركة أفقية
- دعم ومقاومة واضحين

ماذا تخبرك القناة

- أين تشتري؟
- أين تبيع؟
- أين تتوقع التباطؤ؟

القناة لا تعني الاستمرار بل (احتمال الاستمرار)

إذا خرج السعر من القناة:

- لأعلى . تسارع
- لأسفل . ضعف

خطأ شائع: رسم القناة على حركة غير منتظمة

قاعدة بسيطة: إذا لم تستطع رسم قناتين متوازيتين فالقناة غير موجودة

ثالثًا: أدوات الزخم

الاتجاه يخبرك إلى أين يتحرك السوق والزخم يخبرك بقوة الحركة.

في السوق المصري الزخم مهم لأن السيولة تتحرك في موجات واضحة.

مؤشر القوة النسبية RSI

لا تتعامل مع 70 و30 كأرقام مقدسة.

في مرحلة توسع نقدي قد يبقى RSI فوق 70 لفترة طويلة وهذا ليس بيعًا بل قوة.

في مرحلة تشديد قد يبقى تحت 50 لفترة ممتدة وهذا ضعف هيكلي لا ارتداد مؤقت.

الأهم هو:

- التباعد بين السعر والمؤشر
- خروج المؤشر من منطقة التشبع مع انفجار حجمي
- عودة المؤشر فوق 50 في بداية دورة صعود

RSI يقيس الإرهاق لكن الإرهاق لا يعني الانعكاس دائمًا.

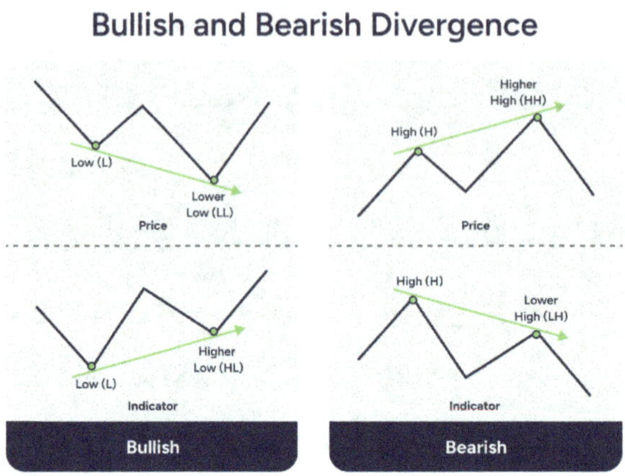

RSI لا يقيس الاتجاه ولكنه يقيس (حالة السوق)

النطاق: 0 → 100

المستويات المهمة

- فوق 70 Overbought تشبع شرائي
- تحت 30 Oversold تشبع بيعي

ماذا يعني ذلك

ليس إشارة بيع وشراء مباشرة بل: تنبيه أن الحركة قد تبالغ

أهم استخدام

الانحراف (Divergence)

Bullish Divergence

السعر يهبط وRSI يصعد ضعف في الهبوط

Bearish Divergence

السعر يصعد وRSI يهبط ضعف في الصعود

خطأ شائع: بيع عند 70 وشراء عند 30 مباشرة

السوق قد يبقى: Overbought لفترة أو Oversold لفترة

قاعدة مهمة

RSI أداة تأكيد وليس قرار

اربط RSI مع:

· الاتجاه العام

· السيولة

· مناطق الدعم والمقاومة

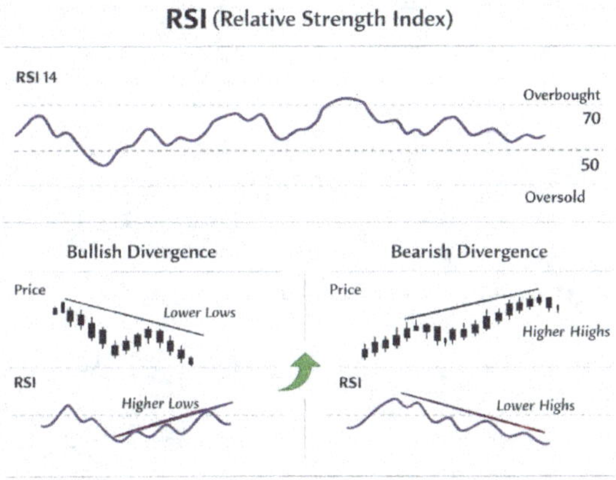

Divergence signals potential change, not immediate action.

RSI shows pressure
Not direction

مؤشر MACD

MACD مفيد لقياس انتقال الزخم.

إشارة التقاطع وحدها غير كافية.

الأقوى هو:

· تقاطع صاعد فوق خط الصفر في بداية دورة خفض فائدة

· أو تقاطع هابط تحت الصفر في دورة تشديد

الهيستوجرام يساعد على رؤية تباطؤ الحركة قبل انعكاسها.

لكن لا تعتمد على إشارة منفردة واربطها بالمرحلة والسيولة.

Bullish Crossover

MACD Line يعبر فوق Signal Line □ بداية زخم صاعد

Bearish Crossover

MACD Line يعبر تحت Signal Line □ ضعف أو بداية هبوط

Histogram يمثل الفرق بين الخطين

- يكبر . الزخم يزيد
- يصغر . الزخم يضعف

ماذا يخبرك MACD

هل الحركة تكتسب قوة؟ أم تفقدها؟

خطأ شائع: استخدامه كإشارة دخول مباشرة

الحقيقة: هو أداة تأكيد وليس قرار

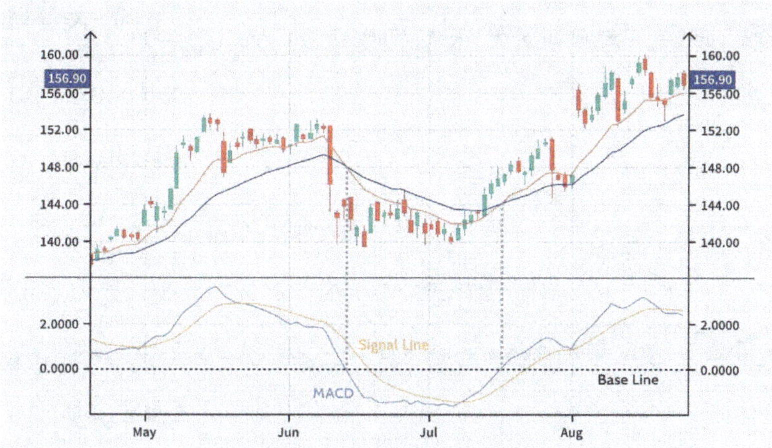

Momentum changes before price

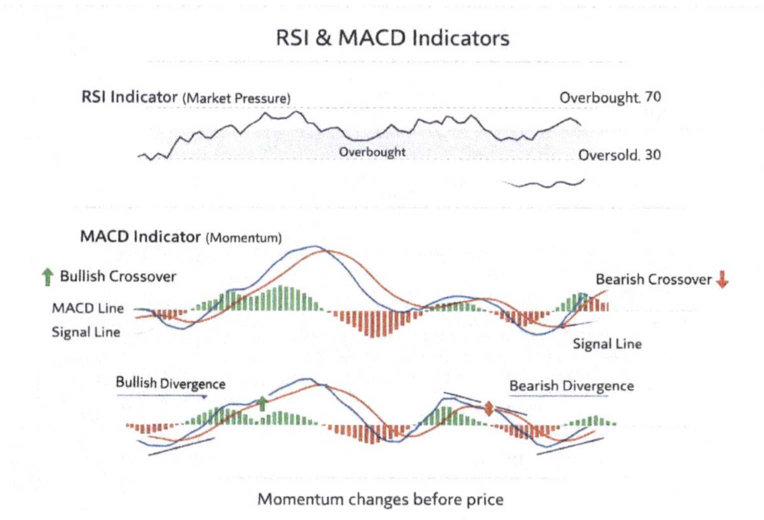

رابعًا: الحجم والسيولة

في السوق المصري الحجم أهم من كثير من المؤشرات.

لأن السوق أقل عمقًا من الأسواق المتقدمة وأي دخول مؤسسي يترك أثرًا واضحًا.

حجم التداول

ارتفاع السعر بحجم ضعيف □ حركة هشة.

ارتفاع السعر بحجم متزايد □ سيولة حقيقية.

أخطر إشارة: انفجار حجمي بعد فترة هدوء طويلة وغالبًا يسبق حركة قوية.

مؤشر OBV

يساعد على كشف تراكم خفي.

إذا كان السعر ثابتًا وOBV يرتفع فهناك تجميع.

إذا كان السعر يرتفع وOBV لا يؤكد فالحركة ضعيفة.

لكن لا تقرأ OBV دون النظر إلى: مرحلة الفائدة وحركة الأجانب.

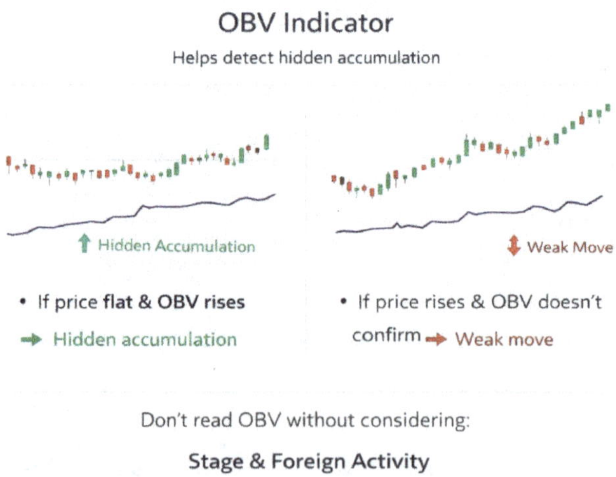

الحركة التي لا تدعمها السيولة... لا تستمر

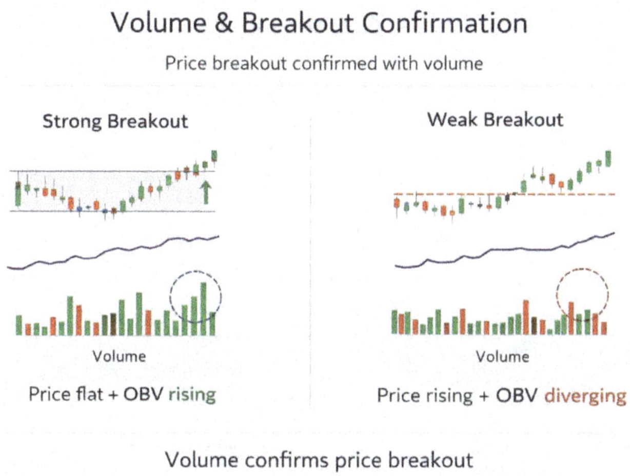

الاختراق الحقيقي لا يبدأ من السعر... بل من السيولة

خامسًا: أهم نماذج الشموع المرتبطة بالمرحلة....

سنركز هنا على ما يخدم القرار.

المطرقة Hammer

في نهاية اتجاه هابط ومع تشبع بيعي ومرحلة اقتصادية داعمة قد تكون بداية انعكاس.

لكن في دورة تشديد قوية قد تكون مجرد ارتداد.

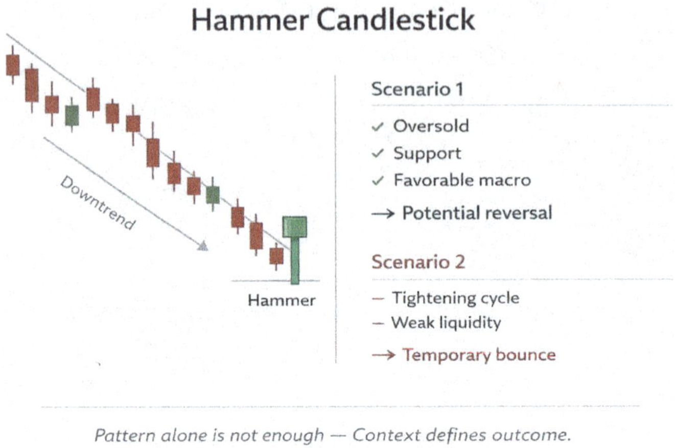

الابتلاع الصاعد أو الهابط Engulfing pattern

شمعة تغطي الشمعة السابقة بالكامل.

الأقوى عندما تأتي: عند دعم واضح مع انفجار حجمي في مرحلة تحول نقدي.

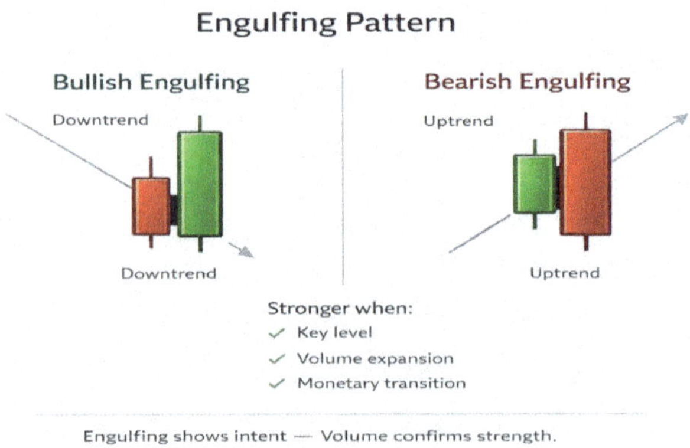

Engulfing shows intent
Volume confirms conviction

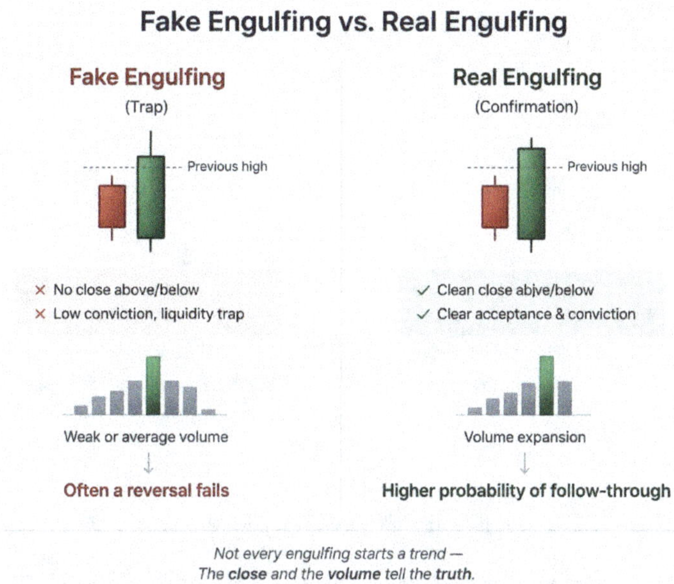

السوق لا يكافئ الشكل... بل يكافئ القبول

الدوجي Doji

تعبر عن تردد إذا ظهرت عند مقاومة قوية ومع تباطؤ زخم قد تسبق تصحيحاً.

لكن ظهورها وسط اتجاه قوي لا يعني شيئاً.

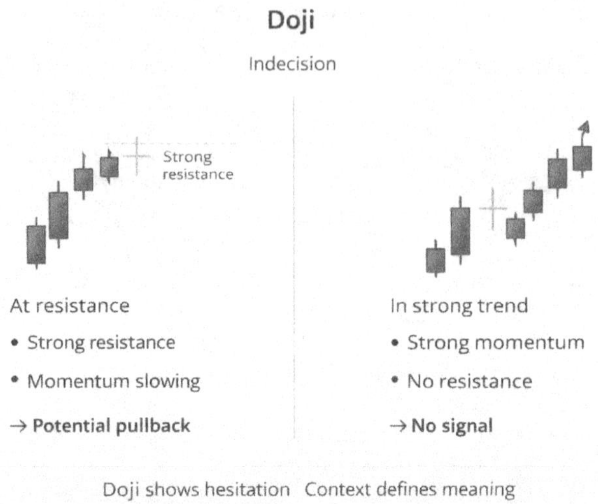

التردد لا يغيّر الاتجاه... إلا إذا وُجد سبب

ثلاث جنود بيض / ثلاث غربان سود / Three white soldiers / Three black crows

تعكس انتقالًا واضحًا في السيطرة فظهورها في......

- بداية دورة سيولة قد يعلن مرحلة جديدة.
- نهاية موجة ممتدة قد يكون ذروة.

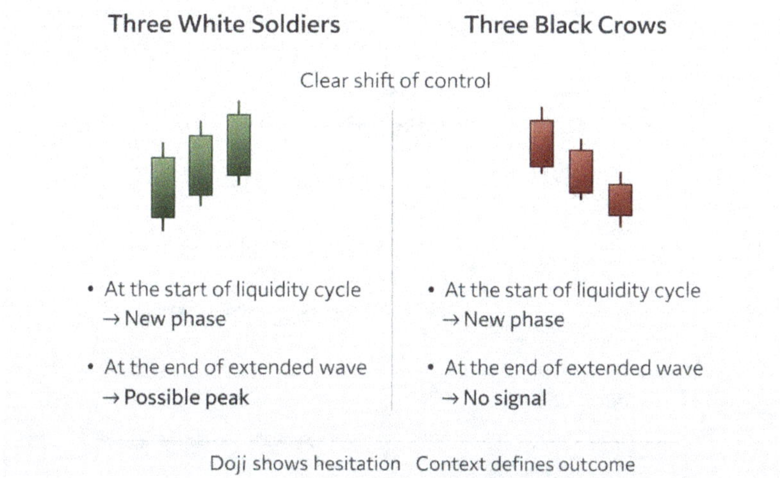

سادسًا: دمج الأدوات داخل الإطار

أفضل استخدام للفني يكون عندما تتطابق أربعة عناصر:

1) مرحلة اقتصادية داعمة

2) قطاع مناسب للدورة

3) اتجاه فني واضح

4) تأكيد حجمي وزخمي

مثال تطبيقي:

- بداية خفض فائدة
- قطاع عقارات
- السعر فوق متوسط 50
- RSI يخرج من تشبع بيعي

- انفجار حجمي
- شمعة ابتلاع صاعد

هنا القرار ليس عشوائيًا بل هو نتيجة توافق الإطار مع التنفيذ.

سابعًا: أخطر أخطاء استخدام الفني في السوق المصري

- الاعتماد على مؤشر واحد
- الدخول عكس المرحلة الاقتصادية
- تجاهل السيولة
- الإفراط في التداول
- تغيير الإطار الزمني باستمرار

التحليل الفني يعطي إشارات كثيرة أما المنهج يمنحك القدرة على اختيار الصحيح منها.

الخلاصة

التحليل الفني لا يصنع مستثمراً لكنه يحسن التنفيذ.

- إذا استخدمته منفصلاً سيدخلك في صفقات كثيرة.
- إذا استخدمته داخل إطار اقتصادي سيقلل عدد قراراتك ويرفع جودتها.

الاقتصاد يحدد الاتجاه.

السيولة تحدد القوة.

السعر يحدد التوقيت.

وهكذا تكتمل الدائرة.

تطبيق عملي

سيناريو: بداية دورة خفض فائدة في السوق المصري

المرحلة الاقتصادية

- البنك المركزي يلمّح إلى بدء خفض تدريجي للفائدة
- التضخم يتباطأ
- العملة مستقرة نسبيًا
- الأجانب يعودون تدريجيًا للشراء

المرحلة هنا: انتقال من تشديد إلى تيسير.

اختيار القطاع

في بداية خفض الفائدة تحسن القطاعات الحساسة للتمويل:

- العقارات
- الصناعات كثيفة الاقتراض
- بعض الأسهم الدورية

نفترض اختيار قطاع العقارات.

اختيار السهم

نبحث عن سهم:

- مديونيته مرتفعة نسبيًا
- أرباحه قابلة للتحسن مع انخفاض تكلفة التمويل
- لم يتحرك بقوة بعد

قراءة التحليل الفني

1) الاتجاه

السعر يعود فوق متوسط 50 يوم ومتوسط 50 يقترب من التقاطع مع 200

2) الزخم

RSI يخرج من منطقة 35 إلى أعلى 50

MACD يعطي تقاطعًا صاعدًا فوق خط الصفر

3) الحجم

ارتفاع في حجم التداول أعلى من متوسط 3 أشهر، OBV يكسر خط اتجاه هابط

4) الشموع: ظهور شمعة ابتلاع صاعد عند دعم واضح

القرار

الدخول لا يتم عند أول إشارة ويتم عند تلاقي:

- مرحلة داعمة
- قطاع مناسب
- اتجاه واضح
- تأكيد حجمي

هنا يصبح القرار منطقيًا.

إدارة المخاطر

- وقف الخسارة أسفل آخر قاع واضح
- حجم الصفقة لا يتجاوز 2% مخاطرة
- إعادة تقييم إذا تغيرت إشارات الفائدة أو العملة

ماذا لو تحرك السهم ضدك؟ إذا كُسر الدعم بحجم مرتفع أخرج دون تردد.

الخطأ ليس في الإطار بل في التنفيذ إذا لم تلتزم.

ماذا لو تحرك معك؟

لا تخرج لمجرد تشبع RSI إذا كانت المرحلة ما زالت داعمة.

المرحلة أهم من الإشارة.

الدرس من السيناريو

التحليل الفني وحده لا يكفي والاقتصاد وحده لا يحدد نقطة الدخول.

عندما يتطابق الاتجاه الاقتصادي مع التوقيت الفني تتحسن احتمالية النجاح.

ليس لأنك تنبأت بالسوق. بل لأنك قرأت مرحلته ثم اخترت لحظة التنفيذ بعناية.

سيناريو: دورة تشديد نقدي ورفع فائدة

المرحلة الاقتصادية

- البنك المركزي يرفع الفائدة عدة مرات

- التضخم مرتفع
- ضغط على العملة
- خروج تدريجي للأجانب

المرحلة هنا: انكماش سيولة وتشدد نقدي.

اختيار القطاع

في هذه البيئة:

- القطاعات المدينة تتعرض لضغط
- الأسهم الصغيرة تصبح أكثر هشاشة
- البنوك قد تصمد أفضل من غيرها

نفترض أن مستثمراً يفكر في سهم صناعي مرتفع المديونية.

قراءة الفني

1) الاتجاه

السعر تحت متوسط 200 يوم ومتوسط 50 يوم يتجه هبوطًا

2) الزخم

RSI يتحرك بين 35 و45 ولا يستطيع تجاوز 50

3) الحجم

أي صعود يحدث بحجم ضعيف وأي هبوط يحدث بحجم مرتفع

4) الشموع: ظهور شمعة مطرقة بعد هبوط حاد

الخطأ الشائع

يرى المتداول......

- المطرقة.
- RSI قريبًا من 30.

يدخل باعتبارها فرصة انعكاس لكن المرحلة غير داعمة.

في دورة تشديد قد يبقى السهم ضعيفًا لفترة طويلة.

القرار الصحيح: لا يكفي وجود إشارة فنية انعكاسية.

اسأل:

- هل الفائدة ما زالت ترتفع؟
- هل السيولة تحسن؟
- هل الأجانب عادوا؟

إذا الإجابة لا فالارتداد الفني غالبًا مؤقت.

ماذا يحدث غالبًا؟

- ارتداد محدود
- فشل عند متوسط 50
- استكمال الهبوط

المرحلة أقوى من الإشارة.

إدارة المخاطر

في دورة تشديد:

- تقلل حجم المراكز
- تسرع في جني الأرباح
- لا تحتفظ بسهم ضعيف أملًا في انعكاس

الدفاع أهم من الهجوم.

الدرس من السيناريو

نفس المطرقة، RSI ونفس MACD

لكن البيئة مختلفة.

في دورة خفض فائدة قد تكون بداية اتجاه.

في دورة رفع فائدة قد تكون مجرد راحة قبل هبوط جديد.

الأداة لم تتغير ولكن المرحلة تغيرت.

القاعدة النهائية للملحق الفني

لا تسأل: ماذا يقول المؤشر؟

اسأل: في أي مرحلة يعمل هذا المؤشر بكفاءة؟

- الاقتصاد يحدد الإطار.
- السيولة تحدد القوة.
- التحليل الفني يحدد لحظة التنفيذ.

عندما تختلط هذه المستويات تتحول الإشارة إلى فخ.

وعندما تنسجم يتحول القرار إلى منهج.

دليل سريع لأدوات التوقيت الفني

هذا الدليل لا يعلّمك المؤشرات من الصفر.

بل يساعدك على رؤية ما تقرؤه داخل الإطار الاقتصادي بوضوح.

كل رسم هنا يجب أن يُفهم في سياق: المرحلة، السيولة والفائدة

المتوسط المتحرك (Moving Average)

- سعر يتحرك أعلى وأسفل خط متوسط 50 يوم
- متوسط 200 يوم كخط أبطأ

السعر فوق 200 يوم = اتجاه عام صاعد

السعر تحت 200 يوم = اتجاه عام ضعيف

متى يعمل بكفاءة

- في بداية دورة خفض فائدة
- عند عودة السيولة المؤسسية

متى يفشل

- في سوق عرضي ضعيف السيولة
- في مرحلة تشديد نقدي مع تذبذب حاد

خطأ شائع

الشراء عند كل اختراق دون النظر للمرحلة الاقتصادية.

مؤشر RSI

- منحنى بين 0 و100
- خط عند 70 وخط عند 30

فوق 70 = زخم قوي

تحت 30 = ضغط بيعي

متى يعمل بكفاءة: عند خروج المؤشر من منطقة تشبع في بداية دورة سيولة جديدة

متى يفشل: عندما يبقى في مناطق التشبع لفترة طويلة خلال اتجاه قوي

خطأ شائع: اعتبار 70 بيع فوري و30 شراء فوري.

مؤشر MACD

- خط MACD
- خط الإشارة
- مستوى الصفر

التقاطع فوق الصفر = زخم إيجابي قوي

التقاطع تحت الصفر = ضعف مستمر

متى يعمل بكفاءة: عند تحول اقتصادي واضح مع تأكيد حجمي

متى يفشل: في حركات جانبية قصيرة المدى

خطأ شائع

الدخول عند كل تقاطع دون تأكيد.

بولينجر باند

- نطاق علوي
- نطاق سفلي
- خط متوسط في المنتصف

ضيق النطاق = حركة قوية قادمة

اتساع النطاق = تقلب مرتفع

متى يعمل بكفاءة: في فترات هدوء قبل إعلان قرارات نقدية

متى يفشل: في أسهم ضعيفة السيولة

خطأ شائع: اعتبار ملامسة الحد العلوي بيع تلقائي.

شمعة المطرقة

- جسم صغير
- ظل سفلي طويل

محاولة فاشلة للهبوط ثم استعادة السيطرة

تعمل بقوة عندما

- تظهر عند دعم واضح
- تتزامن مع تحسن زخم
- تكون المرحلة داعمة

لا تعمل عندما تظهر داخل اتجاه هابط قوي مستمر

شمعة الابتلاع

- شمعة صغيرة
- تليها شمعة كبيرة تغطيها بالكامل

تحول مفاجئ في السيطرة

تعمل بقوة عندما تأتي مع انفجار حجمي وتتزامن مع تغير في المرحلة

لا تعمل عندما تظهر دون حجم أو في سوق عرضي

شمعة الدوجي

- جسم صغير جدًا
- ظلال علوية وسفلية

تردد وعدم حسم

تعمل بقوة عندما تظهر عند مقاومة قوية مع تباطؤ زخم

لا تعني شيئًا عندما تظهر وسط اتجاه قوي مستمر

كيف تستخدم هذا الدليل؟

1) حدد المرحلة الاقتصادية أولًا

2) اختر القطاع المناسب

3) استخدم الرسم لتوقيت الدخول

4) ضع إدارة المخاطر قبل التنفيذ

لا تبدأ من الرسم بل ابدأ من المرحلة ثم استخدم الرسم لتحديد اللحظة.

خريطة المرحلة السوقية

Market Phase Map

اتجاه الفائدة:

- صعود = وضع دفاعي
- استقرار = تجميع
- هبوط = توسع

العملة:

- ضعيفة = اختيار انتقائي
- مستقرة = مشاركة أوسع

السيولة:

- دخول = زيادة المخاطرة
- خروج = حذر

القاعدة: لا وضوح...... لا صفقة

خريطة الدخول Entry Map

هل الاتجاه العام داعم؟

- لا = تجاهل
- نعم

هل توجد سيولة؟

- لا = انتظر
- نعم

هل يوجد تأكيد؟

- لا = راقب
- نعم = ادخل

القاعدة: التوقيت أهم من التحليل

خريطة إدارة المخاطر Risk Map

حجم الصفقة:

- ثقة عالية = حجم كامل
- ثقة منخفضة = حجم صغير

حالة السوق:

- متقلب = تقليل الانكشاف
- مستقر = الحفاظ

الخسارة:

- مخططة = تُقبل
- عاطفية = خروج

القاعدة: الاستمرارية أولًا

خريطة دوران القطاعات Sector Rotation Map

بداية الدورة = قياديات

منتصف الدورة = صناعات / عقارات

نهاية الدورة = أسهم صغيرة

ذروة الدورة = سيولة / دفاعي

القاعدة: السيولة تقود الانتقال

خريطة الاختراق Breakout Map

حدوث اختراق

↓

هل يوجد حجم تداول؟

· لا = اختراق وهمي

· نعم

↓

هل يوجد استمرار؟

· لا = فخ

· نعم = اختراق حقيقي

القاعدة: بدون سيولة..... لا يوجد اختراق

خريطة تفسير الشموع Candle Context Map

ظهور نموذج

↓

الموقع:

- مستوى مهم □ مهم
- وسط الحركة □ تجاهل

↓

الحجم:

- مرتفع = قوي
- ضعيف = ضعيف

↓

السياق الاقتصادي:

- داعم = تصرف
- غير داعم = حذر

القاعدة: النموذج + السياق = إشارة

خريطة المحفظة Portfolio Map

هيكل المحفظة:

- مراكز أساسية
- مراكز تكتيكية

الانكشاف:

- مخاطرة عالية تقليل
- اتجاه واضح زيادة

التنويع:

- بين قطاعات
- بين توقيتات

القاعدة: أدر المحفظة لا الصفقات

كيف تتخذ قرارًا الآن

الفهم لا يكفي فالقرار هو ما يغيّر النتيجة

يمكنك أن تعرف:

- اتجاه الفائدة
- حركة العملة
- مسار السيولة

ثم لا تتخذ قرارًا واضحًا

هذا الفصل يحوّل الفهم إلى فعل

لنفترض بيئة قريبة من الواقع

- الفائدة مرتفعة لكنها توقفت عن الصعود
- العملة أكثر استقرارًا
- السيولة تبدأ في العودة تدريجيًا
- القياديات بدأت في التماسك

الخطوة الأولى: تحديد المرحلة

ارجع إلى خريطة المرحلة

- الفائدة: استقرار بعد صعود □ بداية انتقال
- العملة: استقرار نسبي □ تقليل عدم اليقين
- السيولة: دخول تدريجي □ بداية حركة

نحن في: مرحلة تجميع مبكر

الخطوة الثانية: اختيار نوع الفرص... في هذه المرحلة لا تبحث عن:

- الأسهم الصغيرة
- المضاربات

ابحث عن:

- القياديات
- الشركات ذات الأساس القوي
- الأسهم التي تتحرك أولًا

الخطوة الثالثة: تأكيد السيولة

اسأل: هل السيولة تدخل فعلًا؟

- أحجام التداول تتحسن
- القياديات تتحرك أولًا
- السوق لا ينهار عند الهبوط إذا لم تجد ذلك فلا تدخل

الخطوة الرابعة: تأكيد الدخول

ارجع إلى خريطة الدخول

هل الاتجاه العام داعم؟ نعم

هل توجد سيولة؟ نعم

هل يوجد تأكيد؟ نعم

القرار = دخول تدريجي

الخطوة الخامسة: حجم الصفقة

لا تدخل بكامل رأس المال

- دخول أولي
- ثم إضافة مع التأكيد

لأن: المرحلة ما زالت في بدايتها

الخطوة السادسة: إدارة المخاطر

ضع سيناريو واضح

إذا:

- عادت الفائدة للارتفاع
- أو ضعفت العملة
- أو خرجت السيولة

تقليل الانكشاف = الخسارة هنا ليست فشل بل جزء من النظام

الخطوة السابعة: متابعة التطور

راقب الانتقال

هل:

- السيولة تنتقل للقطاعات الأخرى؟
- السوق يتسع؟
- الأسهم المتوسطة تبدأ؟

إذا حدث ذلك □ نحن نتحرك لمرحلة أعلى

الخطوة الثامنة: الخروج

لا تنتظر القمة بل ابدأ في تقليل المراكز عندما:

- التقييمات تتضخم
- المضاربات تزيد
- السيولة تصبح عاطفية

ما الذي حدث هنا

لم نبحث عن سهم ولكن بدأنا من:

- المرحلة
- ثم السيولة
- ثم القرار

الخطأ الذي تجنبناه: الدخول في نهاية الحركة

القاعدة النهائية

السوق لا يكافئ من يرى الفرصة بل يكافئ من يفهم توقيتها

خاتمة

- الاقتصاد يحدد الإطار.
- السيولة تحدد التوقيت.
- السلوك يحدد الحدة.
- وإدارة المخاطر تحمي المسار.

إذا خرجت من هذا الكتاب وأنت تطرح أسئلة أفضل فقد تحقق الهدف.

الاستثمار ليس مطاردة سعر بل بناء فهم.

ومن يملك الفهم... يملك القرار.

السوق لا يتحرك عشوائيًا......

- الفائدة تحدد تكلفة المال.
- العملة تحدد قيمة الربح.
- التضخم يعيد تشكيل القوة الشرائية.
- السيولة تختار من يقود المرحلة.
- السعر يعكس كل ذلك في النهاية.

من يفصل بين هذه العناصر يرى تقلبًا ومن يربطها يرى دورة.

القرار الاستثماري الرشيد لا يبدأ من سهم ولا ينتهي عند ربح بل يبدأ بفهم المرحلة وينتهي بإدارة المخاطر.

قد يتغير اتجاه السوق وقد تتبدل السياسة النقدية أو تتحرك العملة فجأة.

لكن من يملك إطارًا تحليليًا واضحًا لا يتحرك برد فعل بل يتحرك بوعي.

الاقتصاد يرسم المشهد والسيولة تحرك الموجة وأنت تختار موقعك داخلها. وهنا تنتهي الفوضى ويبدأ القرار.

الفصل الختامي

ما بعد الفهم

وصلت إلى النهاية لكن هذه ليست نهاية يمكنك أن تغلق الكتاب الآن وتشعر أنك فهمت

لكن الفهم لا يغيّر شيئًا إذا لم يتحول إلى سلوك السوق لن يتغير لأجلك ولا ينتظر أن تكون جاهزًا

ما سيتغير هو طريقتك فقد تعلمت:

- كيف تقرأ المرحلة
- كيف ترى السيولة
- كيف تختار وتقيّم
- كيف تدير المخاطر

لكن السؤال الآن هل ستستخدم ذلك؟

فالمعرفة بدون تطبيق تتحول إلى وهم سيطرة

تظن أنك تفهم لكنك تتصرف كما كنت

الفرق الحقيقي ليس في ما تعرف بل في ما تلتزم به لن تحتاج إلى كل ما قرأته في كل مرة ستحتاج إلى:

- وضوح
- انضباط
- تكرار

السوق يكافئ من يلتزم لا من يعرف فقط ستخطئ وهذا طبيعي لكن الخطأ ليس المشكلة

المشكلة أن تكرر نفس الخطأ وأنت تعرفه

ابدأ بسيطًا

- طبق النموذج
- راقب نفسك
- عدّل سلوكك

لا تبحث عن الكمال ابحث عن الاستمرارية

قبل أن تغلق الكتاب

اسأل نفسك:

ما أول قرار سأطبّق فيه ما تعلمت؟

هنا يبدأ الطريق الحقيقي

قبل أن تغلق الكتاب

اسأل نفسك:

هل أبدأ من السهم؟

أم أبدأ من المرحلة؟

إذا تغيرت إجابتك فقد تغيرت طريقتك وهنا تبدأ النتائج

هذا الكتاب ليس نهاية الفهم بل بداية التطبيق

عن المؤلفة

داليا ذُهني أحمد الشيخ

خبيرة اقتصادية

كاتبة وباحثة في الاقتصاد والأسواق المالية

متخصصة في تحليل الأسواق الناشئة وربط المتغيرات الاقتصادية بحركة السيولة وصناعة القرار الاستثماري

تعمل على تطوير نماذج تحليلية عملية

تجمع بين:

- الاقتصاد الكلي
- سلوك السوق
- إدارة المخاطر

تهدف من خلال كتاباتها إلى:

- تبسيط المفاهيم الاقتصادية
- إعادة بناء طريقة التفكير الاستثماري
- تحويل التحليل إلى قرارات قابلة للتطبيق

لها إسهامات في:

- تحليل الأسواق المالية
- الاقتصاد الرقمي
- تطوير المحتوى التعليمي الاستثماري

تؤمن أن:

فهم المرحلة
هو البداية الحقيقية لأي قرار استثماري ناجح

قائمة المراجع

المراجع الرسمية المصرية

البنك المركزي المصري. (سنوات متعددة). تقارير السياسة النقدية وتقارير الاستقرار المالي. القاهرة: البنك المركزي المصري.

البورصة المصرية. (سنوات متعددة). التقرير السنوي ونشرات الإفصاح وبيانات التداول. القاهرة: البورصة المصرية.

الهيئة العامة للرقابة المالية. (سنوات متعددة). تقارير سوق المال واللوائح التنظيمية. القاهرة: الهيئة العامة للرقابة المالية.

وزارة المالية المصرية. (سنوات متعددة). البيان المالي للموازنة العامة للدولة. القاهرة: وزارة المالية.

الجهاز المركزي للتعبئة العامة والإحصاء. (سنوات متعددة). النشرات الدورية للتضخم والناتج المحلي والمؤشرات القطاعية. القاهرة: الجهاز المركزي للتعبئة العامة والإحصاء.

تقارير دولية

صندوق النقد الدولي. (سنوات متعددة). Article IV Consultation Reports: Egypt. Washington, DC: IMF.

البنك الدولي. (سنوات متعددة). Egypt Economic Monitor. Washington, DC: World Bank.

Bloomberg. (سنوات متعددة). Market Data and Fixed Income Reports. New York: Bloomberg.

كتب في التحليل المالي والاستثمار

Security Analysis. Graham, B., & Dodd, D. (1934/Updated editions). New York: McGraw-Hill.

The Intelligent Investor. Graham, B. (1949/Updated editions). New York: Harper Business.

Common Stocks and Uncommon Profits. Fisher, P. (1958). New York: Harper & Row.

A Random Walk Down Wall Street. Malkiel, B. (1973/Updated editions). New York: W. W. Norton.

Principles for Navigating Big Debt Crises. Dalio, R. (2018). Bridgewater Associates.

كتب في التحليل الفني

Japanese Candlestick Charting Techniques. Nison, S. (1991). New York: New York Institute of Finance.

Technical Analysis of the Financial Markets. Murphy, J. J. (1999). New York: New York Institute of Finance.

كتب في إدارة المحافظ والمخاطر

Modern Portfolio Theory and Investment Analysis. Elton, E., Gruber, M., Brown, S., & Goetzmann, W. (2014). Hoboken: Wiley.

Against the Gods: The Remarkable Story of Risk. Bernstein, P. (1996). New York: Wiley.

اعتمد هذا الكتاب على بيانات رسمية صادرة عن الجهات التنظيمية المصرية، وتقارير المؤسسات المالية الدولية، إلى جانب المراجع الأكاديمية في الاقتصاد والتحليل المالي، مع تطبيق تحليلي مباشر على واقع السوق المصري ودوراته المختلفة.